William Shakespeare
(1564-1616)

William Shakespeare nasceu e morreu em Stratford, Inglaterra. Poeta e dramaturgo, é considerado um dos mais importantes autores de todos os tempos. Filho de um rico comerciante, desde cedo Shakespeare escrevia poemas. Mais tarde associou-se ao Globe Theatre, onde conheceu a plenitude da glória e do sucesso financeiro. Depois de alcançar o triunfo e a fama, retirou-se para uma luxuosa propriedade em sua cidade natal, onde morreu. Deixou um acervo impressionante, do qual destacam-se clássicos como *Romeu e Julieta, Hamlet, A megera domada, O rei Lear*, *Macbeth, Otelo, Sonho de uma noite de verão, A tempestade, Ricardo III, Júlio César, Muito barulho por nada,* etc.

Livros do autor publicados pela **L&PM** EDITORES:

As alegres matronas de Windsor – Trad. de Millôr Fernandes
Antônio & Cleópatra – Trad. de Beatriz Viégas-Faria
Bem está o que bem acaba – Trad. de Beatriz Viégas-Faria
A comédia dos erros – Trad. de Beatriz Viégas-Faria
Como gostais / Conto de inverno – Trad. de Beatriz Viégas-Faria
Hamlet – Trad. de Millôr Fernandes
Henrique V – Trad. de Beatriz Viégas-Faria
Júlio César – Trad. de Beatriz Viégas-Faria
Macbeth – Trad. de Beatriz Viégas-Faria
Medida por medida – Trad. de Beatriz Viégas-Faria
A megera domada – Trad. de Millôr Fernandes
O mercador de Veneza – Trad. de Beatriz Viégas-Faria
Muito barulho por nada – Trad. de Beatriz Viégas-Faria
Noite de Reis – Trad. de Beatriz Viégas-Faria
Otelo – Trad. de Beatriz Viégas-Faria
O rei Lear – Trad. de Millôr Fernandes
Ricardo III – Trad. de Beatriz Viégas-Faria
Romeu e Julieta – Trad. de Beatriz Viégas-Faria
Sonetos – Trad. de Jorge Wanderley (Edição bilíngue)
Sonho de uma noite de verão – Trad. de Beatriz Viégas-Faria
A tempestade – Trad. de Beatriz Viégas-Faria
Tito Andrônico – Trad. de Beatriz Viégas-Faria
Trabalhos de amor perdidos – Trad. de Beatriz Viégas-Faria

Leia também:
Guia Cambridge de Shakespeare – Emma Smith
Hamlet (MANGÁ)
Shakespeare – Claude Mourthé (Série Biografias)
Shakespeare – Obras escolhidas
Shakespeare – Série Ouro
Shakespeare de A a Z (Livro das citações) – Org. de Sergio Faraco
Shakespeare traduzido por Millôr Fernandes

William Shakespeare

OTELO

Tradução de Beatriz Viégas-Faria

Prêmio Açorianos de tradução

www.lpm.com.br

L&PM POCKET

Coleção **L&PM** POCKET, vol.174

Texto de acordo com a nova ortografia.

Primeira edição na Coleção **L&PM** POCKET: junho 1999
Esta reimpressão: julho de 2021

Capa: Ivan Pinheiro Machado sobre óleo sobre tela de Diego Velázquez (1599-1660) *Retrato de Juan Pareja* (1649/50). (Metropolitan Museum of Art, Nova York.)
Tradução: Beatriz Viégas-Faria
Revisão: Renato Deitos

ISBN 978-85-254-1017-7

S527o Shakespeare, William, 1564-1616.
Otelo / William Shakespeare; tradução de Beatriz Viégas-Faria. – Porto Alegre: L&PM, 2021.
176 p. ; 18 cm – (Coleção L&PM POCKET, v.174)

Ficção inglesa-teatro. I. Título. II. Série.

CDD 822.33T7-8
CDU 820 Shak

Catalogação elaborada por Izabel A. Merlo, CRB 10/329.

Rua Comendador Coruja, 314, loja 9 – Floresta – 90.220-180
Porto Alegre – RS – Brasil / Fone: 51.3225.5777

PEDIDOS & DEPTO. COMERCIAL: vendas@lpm.com.br
FALE CONOSCO: info@lpm.com.br
www.lpm.com.br

Impresso no Brasil
Inverno de 2021

Vida e obra

William Shakespeare nasceu em Stratford-upon-Avon, Inglaterra, em 23 de abril de 1564, filho de John Shakespeare e Mary Arden. John Shakespeare era um rico comerciante, além de ter ocupado vários cargos da administração da cidade. Mary Arden era oriunda de uma próspera família. Pouco se sabe da infância e da juventude de Shakespeare, mas imagina-se que tenha frequentado a escola primária King Edward VI, onde teria aprendido latim e literatura. Em dezembro de 1582, Shakespeare casou-se com Ann Hathaway, filha de um fazendeiro das redondezas. Tiveram três filhos.

A partir de 1552, os dados biográficos são mais abundantes. Em março, estreou no Rose Theatre de Londres uma peça chamada *Harry the Sixth*, de muito sucesso, que foi provavelmente a primeira parte de *Henry VI*. Em 1593, Shakespeare publicou seu poema *Venus and Adonis* e, no ano seguinte, o poema *The Rape of Lucrece*. Acredita-se que, nessa época, Shakespeare já era um dramaturgo (e um ator, já que os dramaturgos na sua maior parte também participavam da encenação de suas peças) de sucesso. Em 1594, após um período de poucas montagens em Londres, devido à peste, Shakespeare juntou-se à trupe de Lord Chamberlain. Os dois mais célebres dramaturgos do período, Christopher Marlowe (1564-1593) e Thomas Kyd (1558-1594), respectivamente autores de *Tamburlaine, the Jew of Malta* (*Tamburlaine, o judeu de Malta*) e *Spanish Tragedy* (*Tragédia *espanhola*), morreram por esta época, e Shakespeare encontrava-se pela primeira vez sem rival.

Os teatros de madeira elisabetanos eram construções simples, a céu aberto, com um palco que se projetava à frente, em volta do qual se punha a plateia, de pé. Ao fundo, havia duas portas, pelas quais atores entravam e saíam. Acima, uma sacada, que era usada quando tornava-se necessário mostrar uma cena que se passasse em uma ambientação secundária. Não havia cenário, o que abria toda uma gama de versáteis possibilidades, já que, sem cortina, a peça começava quando entrava o primeiro ator e terminava à saída do último, e simples objetos e peças de vestuário desempenhavam importantes funções para localizar a história. As ações se passavam muito rápido. Devido à proximidade com o público, trejeitos e expressões dos atores (todos homens) podiam ser facilmente apreciados. As companhias teatrais eram formadas por dez a quinze membros e funcionavam como cooperativas: todos recebiam participações nos lucros. Escrevia-se, portanto, tendo em mente cada integrante da companhia.

Em 1594, Shakespeare já havia escrito as três partes de *Henry VI, Richard III, Titus Andronicus, The Two Gentleman of Verona* (*Dois cavalheiros de Verona*), *Love's Labour's Lost* (*Trabalhos de amor perdidos*), *The Comedy of Errors* (*A comédia dos erros*) e *The Taming of the Shrew* (*A megera domada*). Em 1596, morreu o único filho homem de Shakespeare, Hamnet. Logo em seguida, ele escreveu a primeira das suas peças mais famosas, *Romeo and Juliet*, à qual seguiram-se *A Midsummer's Night Dream* (*Sonho de uma noite de verão*), *Richard II* e *The Merchant of Venice* (*O mercador de Veneza*). *Henry IV*, na qual aparece Falstaff, seu mais famoso personagem cômico, foi escrita entre 1597-1598. No Natal de 1598, a companhia construiu uma nova casa de espetáculos na margem sul do Tâmisa. Os custos foram divididos pelos diretores da companhia, entre os quais Shakespeare, que provavelmente já tinha alguma fortuna. Nascia o Globe Theatre. Também é de 1598 o reconhecimento de Shakespeare como o mais importante dramaturgo de língua inglesa: suas peças, além de atraírem milhares de espectadores para os teatros de madeira, eram impressas e vendidas sob a forma de livro – às vezes até mesmo pirateados. Seguiram-se *Henry V*, *As You Like It* (*Como gostais*), *Jules Cesar* – a primeira das suas tragédias da maturidade –, *Troilus and Cressida, The Merry Wives of Windsor* (*As alegres matronas de Windsor*), *Hamlet* e *Twelfth Night* (*Noite de Reis*). Shakespeare escreveu a maior parte dos papéis principais de suas tragédias para Richard Burbage, sócio e ator, que primeiro se destacou com *Richard III.*

Em março de 1603, morreu a rainha Elisabeth. A companhia havia encenado diversas peças para ela, mas seu sucessor, o rei James, contratou-a em caráter permanente, e ela tornou-se conhecida como King's Men – Homens do Rei. Eles encenaram diversas vezes na corte e prosperaram financeiramente. Seguiram-se *All's Well that Ends Well* (*Bem está o que bem acaba*) e *Measure for Measure* (*Medida por medida*) – suas comédias mais sombrias –, *Othello, Macbeth, King Lear, Anthony and Cleopatra* e *Coriolanus.* A partir de 1601, Shakespeare escreveu menos. Em 1608, a King's Men comprou uma segunda casa de espetáculos, um teatro privado e fechado em Blackfriars. Nesses teatros privados, as peças eram encenadas em ambientes fechados, o ingresso custava mais do que nas casas públicas de espetáculos, e o público, consequentemente, era mais seleto. Parece ter sido nessa época que Shakespeare aposentou-se dos palcos: seu nome não aparece nas listas de atores a partir de 1607. Voltou a viver em Stratford, onde era considerado um dos mais ilustres cidadãos. Escreveu então quatro tragicomédias, subgênero que começava a ganhar espaço: *Péricles, Cymbeline, The Winter's Tale* (*Conto de inverno*) e *The Tempest* (*A tempestade*), sendo que esta última foi encenada na corte em 1611. Shakespeare morreu em Stratford em 23 de abril de 1616. Foi enterrado na parte da igreja reservada ao clero. Escreveu ao todo 38 peças, 154 sonetos e uma variedade de outros poemas. Suas peças destacam-se pela grandeza poética da linguagem, pela profundidade filosófica e pela complexa caracterização dos personagens. É considerado unanimemente um dos mais importantes autores de todos os tempos.

OTELO

As cenas passam-se em Veneza e Chipre.

PERSONAGENS DA PEÇA

O **DOGE** de Veneza

BRABÂNCIO, um senador, pai de Desdêmona

Outros senadores

GRACIANO, irmão de Brabâncio

LUDOVICO, parente de Brabâncio

OTELO, um nobre mouro a serviço do Estado de Veneza

CÁSSIO, seu tenente

IAGO, seu alferes

RODRIGO, um cavalheiro veneziano

MONTANO, o antecessor de Otelo como governador do Chipre

BOBO, criado de Otelo

DESDÊMONA, filha de Brabâncio e esposa de Otelo

EMÍLIA, esposa de Iago

BIANCA, amante de Cássio

Marinheiro, Mensageiro, Arauto, Oficiais, Cavalheiros, Músicos e Criadagem

PRIMEIRO ATO

CENA I

Veneza. Uma rua.

Entram Rodrigo e Iago.

Rodrigo – Chega, não quero ouvir! Acho de extrema insensibilidade que tu, Iago, que já dispuseste de minha bolsa como se teus fossem os cordões dela, tenhas conhecimento disso.

Iago – Pelo sangue de Cristo, o senhor não está me escutando. Se alguma vez esse assunto foi fruto de minha imaginação, pode abominar-me.

Rodrigo – Disseste a mim que por ele tens ódio.

Iago – Se não é assim, pode desprezar-me. Três grandes nomes da cidade, pessoalmente empenhados em me ver promovido a tenente dele, foram com ele falar, chapéus nas mãos. E, pela boa-fé humana, conheço o meu valor: não sou merecedor de um posto mais baixo. Mas ele, gostando como gosta de seu próprio orgulho e de seus propósitos pessoais, desconversa esses homens com uma história comprida e cheia de fraseados bombásticos, horrivelmente recheada de epítetos de guerra. Para concluir, dá por improcedente a causa de meus mediadores. "Seguramente", diz ele, "já escolhi o meu oficial." E quem é ele? Seguramente, um grande aritmético, um tal de Miguel Cássio, um florentino, um sujeito quase condenado a assumir um papel de bela esposa, um sujeito que nunca liderou um esquadrão até o campo de batalha, um sujeito que conhece as divisões de uma batalha tanto quanto uma fiandeira ... a menos que o teórico ponha-se a arrotar suas leituras naquilo que os cônsules togados podem propor com tanta maestria quanto ele. Não passa de tagarelice sem prática o que ele entende de táticas militares. Mas ele, meu senhor, foi o eleito. E eu, que perante os próprios olhos dele dei provas de minha capacidade militar em Rodes, em Chipre e em outros campos de batalha, cristãos e gentílicos, devo ficar agora destituído de ventos para navegar, detido por calmaria decretada por um simples guarda-livros. Não deixa de ser em boa hora que esse compilador de deveres e haveres vai ser o tenente dele. E eu ... Deus abençoando minha boa mira! ..., continuo sendo o alferes de sua majestade, o Mouro.

Rodrigo – Céus, eu preferiria ser dele o carrasco.

Iago – Qual o que, não tem remédio. Esta é a praga do serviço militar: as promoções acontecem por recomendação e por simpatia, e não pela velha graduação, onde sempre o segundo herda o posto do primeiro. Agora, meu senhor, seja o senhor mesmo juiz desta questão: posso eu, com justiça, ser obrigado a gostar do Mouro?

Rodrigo – Eu não seria dele seguidor.

Iago – Ah, meu senhor, não se preocupe. Continuo dele sendo seguidor que é para dar-lhe o troco que merece. Não podemos todos ser mestres, nem todos os mestres podem ser lealmente seguidos. O senhor com certeza não deixará de notar vários criados obsequiosos e submissos que, apaixonados por seu próprio vínculo de servidão, vão esgotando seu tempo de vida, igualzinho como fazem os asnos de seus amos, matando-se de trabalhar por nada além de forragem seca só para, quando ficarem velhos, serem despedidos. Pois quero mais é que sejam açoitados esses criados honestos. Outros há que, maquilados com as formas e fantasias do dever, mantêm no entanto seus corações a serviço de si mesmos e, cobrindo seus amos e senhores com não mais que demonstrações de servitude, prosperam por seu lado; e, quando forraram os bolsos, prestam homenagem a si próprios. Esses sujeitos têm alguma alma, e uma alma assim tenho eu, é o que lhe declaro. Pois, meu senhor, tão certo como o seu nome é Rodrigo, fosse eu o Mouro, não seria Iago. Ao ser dele seguidor, estou seguindo apenas a mim mesmo. Os céus podem me julgar: eu não sou eu por amor e por dever, mas eu pareço ser eu por causa de meu peculiar propósito. E, quando minhas ações aparentes demonstrarem a verdadeira conduta e os verdadeiros contornos de meu coração em formal expressão de cortesia, não se passará muito tempo e estarei abrindo o meu coração para que os urubus dele façam picadinho ... não sou quem eu sou.

Rodrigo – Se conseguir sair ileso dessa, o Lábios Grossos vai ficar devendo sua sorte ao destino.

Iago – Chame o pai dela, faça com que ele acorde, vá atrás dele, envenene seus prazeres, proclame sua presença nas ruas, inflame os parentes dela e, embora ele more num clima fértil, faça com que ele se infeste de moscas; embora sua alegria seja alegria, ainda assim ... joguem-se tais nuances de vexação sobre essa alegria de modo que ela venha a perder o brilho.

Rodrigo – Esta aqui é a casa do pai dela. Vou gritar por ele.

Iago – Faça-o. Com tom de voz tão tímido e berro tão medonho como aqueles com que, por causa da noite e da negligência, o incêndio é avistado em cidades populosas.

Rodrigo – Ei, alô, Brabâncio! *Signior* Brabâncio, alô!

Iago – Acordai-vos! – Ei, alô, Brabâncio! Ladrões! Ladrões! Ladrões! Vigie a sua casa, a sua filha e as suas bolsas de dinheiro! Ladrões! Ladrões!

Brabâncio aparece acima, numa janela.

Brabâncio – Qual é a causa desse terrível chamado? Qual é o problema aqui?

Rodrigo – *Signior*, está toda a sua família em casa?

Iago – Estão as vossas portas trancadas?

Brabâncio – Por quê? Qual o motivo dessas perguntas?

Iago – Meu senhor, pelas feridas de Cristo! O senhor foi roubado! Que humilhação! Vá vestindo a sua toga. O seu coração foi arrombado; o senhor acaba de perder metade de sua alma. Neste instante mesmo, agora, agorinha, um bode preto e velho está cobrindo sua branca ovelhinha. – Levantai-vos, rebelai-vos! – Acorde com o toque do sino os cidadãos que ora roncam, pois do contrário o diabo vai lhe dar netos. – Levantai-vos contra isso, digo eu.

Brabâncio – Mas o que é isso? Perdeste o juízo?

Rodrigo – Ilustríssimo *signior*, o senhor reconhece minha voz?

Brabâncio – Eu não. Quem és tu?

Rodrigo – Meu nome é Rodrigo.

Brabâncio – Pois não te dou as boas-vindas. Eu mesmo te instruí a parar de rondar a minha casa. Com a maior franqueza, tu me ouviste dizer que minha filha não é para ti. E, agora, ensandecido, afrontado depois da ceia e perturbado pela bebida, me apareces aqui com essa patifaria cheia de maldade e vens interromper meu descanso.

Rodrigo – Senhor, senhor, senhor, ...

Brabâncio – Mas devo assegurar-te que minha força de espírito e minha posição na sociedade têm por si só o poder de tornar essa experiência amarga para ti.

Rodrigo – Tenha paciência, meu bom senhor.

Brabâncio – Por que vens me falar de roubo? Estamos em Veneza. Minha casa não é uma granja qualquer.

Rodrigo – Venerável Brabâncio, venho ter com o senhor de alma limpa, de coração puro.

Iago – Pelas feridas de Cristo, senhor, sei que o senhor é uma dessas pessoas que não serve a Deus se o Diabo ordenar-lhe que assim o faça. Só porque nós viemos lhe fazer um favor e o senhor pensa que somos dois desordeiros, terá um cavalo berbere cobrindo sua filha; terá seus sobrinhos relinchando para o senhor; terá corcéis por primos e ginetes por parentes.

Brabâncio – Que tipo de canalha blasfemo és tu?

Iago – Um canalha, senhor, que vem lhe participar que sua filha e o Mouro estão neste exato momento fazendo a figura da besta com duas costas.

Brabâncio – És um verme.

Iago – E o senhor, um senador.

Brabâncio – Vais responder por isso. Eu te conheço, Rodrigo.

Rodrigo – Senhor, eu respondo a qualquer coisa. Mas lhe pergunto se é de sua vontade e com seu douto consentimento, como eu em parte acho que é, que sua linda filha, em horas tão tardes da noite, em tediosa noite de vigília, foi transportada por um guarda nem melhor nem pior que um criado de aluguel, um gondoleiro, até o abraço bruto de um Mouro lascivo. Se o senhor é sabedor de tal fato e com ele consente, então estamos cometendo uma tremenda e insolente injustiça para com o senhor. Mas, se o senhor desse fato não tem conhecimento, a boa educação me diz que fomos pelo senhor indevidamente repreendidos. Não creia que, mesmo faltando-me todo e qualquer senso de civilidade, eu estaria assim brincando e debochando de sua ilustre e respeitada pessoa. Sua filha, se é que não recebeu a sua permissão, digo-lhe mais uma vez, rebelou-se de modo grosseiro, vinculando sua submissão, sua beleza, sua inteligência e seus dotes a um estranho extravagante e errático tanto por aqui como em qualquer outro lugar. Mas dissipe suas dúvidas neste minuto mesmo. Se ela estiver em seus aposentos ou ainda em outro canto de sua casa, senhor, que me persiga a justiça do Estado por tentar enganá-lo dessa maneira.

Brabâncio – Acendam o pavio! Alô! Passem para cá um círio! Chamem o meu pessoal! – Este acidente não é diferente do meu sonho. Acreditar nele já me vai oprimindo. – Luz, estou dizendo! Luz!

[*Sai da sacada, entrando em casa.*]

Iago – Adeus, pois devo deixá-lo. Dada a minha posição, não me parece nem apropriado nem saudável que eu seja chamado para me apresentar contra o Mouro ... o que inevitavelmente acontecerá se eu aqui ficar. Conheço bem como funciona o Estado: por mais que possam esfolar-lhe a pele com alguma reprimenda, não podem dele prescindir por questões de segurança. Ele foi encarregado das guerras em Chipre, que ainda agora se desenrolam, e foi delas encarregado por motivos tão clamorosos que, pelas almas dos estadistas, eles não têm outro líder de sua estatura para levar adiante essa empreitada. Tendo isso em vista, embora eu o odeie tanto quanto odeio os piores castigos do inferno, ainda assim, dadas as necessidades das presentes circunstâncias, devo desfraldar a bandeira e o sinal do amor que é tudo, menos amor. Para que o encontre com certeza, leve os homens atiçados em equipe de busca até o Sagitário, e lá estarei, com ele. Bom, adeus.

[*Sai.*]

Entram, abaixo, Brabâncio e Criados com tochas.

Brabâncio – É, com a maior das certezas, o maior dos males: ela se foi. E, do meu tempo assim desprezado de vida, o que será? Nada, a não ser amargura. Agora, Rodrigo, onde a viste? Ah, menina mais infeliz! Com o Mouro, foi o que disseste? Ser pai ... e para quê? Como é que sabias que era ela? Ah, ela me enganou de modo inimaginável! E o que foi que ela te disse? – Tragam mais círios. Acordem todos os meus parentes! – Achas então que os dois estão casados?

Rodrigo – Para falar a verdade, acho que estão.

Brabâncio – Oh, céus! Como foi que ela conseguiu sair? Traído pelo meu próprio sangue! – Ouçam-me, aqueles de vocês que são pais: daqui em diante, não mais acreditem que sabem o que suas filhas pensam baseados apenas naquilo que veem das ações delas! – Será que não existem feitiços pelos quais as naturais características de uma jovem donzela podem ser corrompidas? Já não leste, Rodrigo, sobre alguma coisa parecida?

Rodrigo – Sim, senhor, na verdade li.

Brabâncio – Chamem meu irmão. – Ah, antes tivesse sido tu a possuí-la. – Alguns por um lado, outros por outro. – Sabes onde podemos pegar a ela e ao Mouro?

Rodrigo – Acho que posso encontrá-lo, se o senhor estiver disposto a levar junto uma boa escolta e me acompanhar.

Brabâncio – Por favor, mostra-nos o caminho. Chamarei homens de todas as casas. No máximo, posso comandá-los. – Alô, peguem suas armas. E acordem alguns dos oficiais da ronda noturna. – Adiante, meu bom Rodrigo; bem que mereço teres me atormentado.

[*Saem.*]

CENA II

Uma outra rua.

Entram Otelo, Iago e Auxiliares com tochas.

Iago – Embora eu tenha, no ofício da guerra, matado homens, penso, por outro lado, que é uma questão de consciência não se cometer um assassinato com premeditação. Falta-me às vezes iniquidade que venha em meu auxílio. Nove, dez vezes fiquei me questionando, antes de atingir o homem aqui, embaixo das costelas.

Otelo – Está melhor assim.

Iago – Não, mas ele tagarelava, e pronunciava-se com termos tão vis e provocativos contra a sua honra, meu general, que, sendo eu homem de pouca religiosidade, foi a muito custo que me contive para não esmurrá-lo. Mas, suplico-lhe, senhor, responda-me: casou-se realmente? Pois esteja certo do seguinte: o senhor seu sogro, um dos Magníficos de Veneza, é muito amado e tem a seu favor o potencial de uma voz que consegue se fazer ouvir duas vezes mais alto que a do Doge. Ele conseguirá o seu divórcio, ou então infernizará a sua vida com todas as detenções, restrições e vexames que os tribunais venham a lhe permitir aplicar, dado o poder que ele tem para fazer valer a lei.

Otelo – Ele que faça o que quiser com seu rancor. Meus préstimos ao Estado, feitos conforme os pedidos dos próprios governantes de Veneza, falarão mais alto que as queixas dele. Ninguém ainda sabe... e, só no dia em que eu acreditar que gabar-se de si mesmo é um ato nobre, divulgarei este fato... mas minha vida e meu ser descendem de homens de linhagem real; e meus méritos podem encarar de frente, de igual para igual, um destino tão magnífico quanto este a que cheguei. Pois saiba, Iago, que, se eu não amasse a suave Desdêmona, não teria colocado amarras em minha condição livre de homem solteiro e sem endereço certo, não a teria sacrificado nem por todos os tesouros do mar. Mas, repare, que luzes se veem mais além!

Iago – São o pai de sua esposa e os amigos dele, revoltados. É melhor o senhor entrar.

Otelo – Eu não. Devo ser encontrado. Minhas qualidades, meu título e minha alma perfeita vão saber como me defender do modo mais correto. São eles?

Iago – Por Jano! Acho que não.

Entram Cássio e alguns Oficiais com tochas.

Otelo – Os criados do Doge, e meu tenente! Que a benevolência da noite esteja com vocês, meus amigos! Quais são as novas?

Cássio – O Doge manda seus cumprimentos, general, e requisita a sua presença com a máxima urgência e, se possível, agora mesmo.

Otelo – Qual te parece ser o problema?

Cássio – Alguma coisa relacionada a Chipre, pelo que posso adivinhar. É questão de certa urgência: as galeras enviaram uma dúzia de mensageiros, um atrás do outro, só nesta noite. E muitos dos senadores, acordados de seu sono ou encontrados na noite, já se encontram no palácio do Doge. O senhor é para lá chamado com toda a pressa. Quando em seu alojamento o senhor não foi encontrado, o Senado mandou umas três diferentes turmas de busca à sua procura.

Otelo – Pois é bom ter sido tu a me encontrar. Vou apenas dar uma palavrinha aqui na casa e já sigo contigo.

[*Ele entra.*]

Cássio – Alferes, o que faz ele aqui?

Iago – Na verdade, ele esta noite embarcou num galeão que navega em terra firme; se ficar comprovado que é captura lícita, ele está feito para o resto da vida.

Cássio – Não estou entendendo.

Iago – Ele se casou.

Cássio – Com quem?

Reentra Otelo.

Iago – Ora, com... Então, capitão, vamos indo?

Otelo – Estou pronto.

Cássio – Aí vem chegando uma outra tropa à sua procura.

Iago – É Brabâncio. General, cuidado: ele não vem com boas intenções.

Entram Brabâncio, Rodrigo e Oficiais munidos de tochas e armas.

Otelo – Olá! Parados aí!

Rodrigo – *Signior*, é o Mouro.

Brabâncio – Abaixo com ele... – ladrão!

[*Puxam das espadas, dos dois lados.*]

Iago – O senhor, Rodrigo! Venha, senhor, estou do seu lado.

Otelo – Guardem suas flamantes espadas; do contrário, o sereno pode enferrujá-las. – Meu bom *signior*, o senhor sabe comandar melhor com sua experiência de vida que com suas armas.

Brabâncio – Ah, tu! Ladrão imundo, onde escondeste minha filha? Amaldiçoado como és, tu a enfeitiçaste. Pois eu apelo a todo o bom senso e todo o conhecimento e me pergunto se ela não está prisioneira de correntes mágicas. Quando é que uma donzela tão afável, linda e feliz, tão avessa ao casamento que chegou a recusar os melhores, mais ricos e elegantes partidos de nossa nação, quando é que ela teria abandonado seu pai e protetor, correndo o risco de ser motivo de zombaria geral, para aninhar-se no peito negro de uma coisa como tu... figura que dá medo, e não prazer? Que o mundo me julgue, mas pergunto se não é indecente aos sentidos e ao entendimento que tenhas praticado contra ela feitiços nojentos, abusando de sua delicada juventude com drogas ou minerais que debilitam os movimentos. Assim argumentarei nos tribunais. Parece-me ser isso o mais provável e palpável ao pensamento. Assim sendo, declaro-te preso e proclamo tua detenção por seres pessoa nefasta ao mundo, um praticante das artes ilegais que se realizam sem licença. – Agarrem-no! Se ele resistir, tratem de dominá-lo... por conta e risco dele próprio.

Otelo – Parados todos, vocês dois que estão comigo e todo o resto. Fosse esta a minha deixa para brigar, eu a teria percebido sem precisar de alguém que me alertasse. – Onde deseja o senhor que eu responda a essa sua acusação?

Brabâncio – Na prisão, até que seja chegada a hora de seres julgado de acordo com a lei, até que os procedimentos de uma sessão honesta chamem-te a responder.

Otelo – E se eu obedecer? Como poderemos ao mesmo tempo deixar satisfeito o Doge, cujos mensageiros encontram-se aqui ao meu lado, em relação a um certo problema corrente do Estado que o faz requisitar minha presença?

1º Oficial – É verdade, venerável *signior*. O Doge está reunido em conselho, e vossa nobre presença, tenho certeza, está também sendo requisitada.

Brabâncio – Mas... como? O Doge reunido em conselho? A esta hora da noite! – Tragam-no comigo. – Minha questão não é coisa de pouca importância. O próprio Doge, assim como qualquer um dos meus pares na administração do Estado, não pode deixar de sentir esse crime como se fosse contra sua própria pessoa. Se a ações tais for dada livre passagem, logo chegará o dia em que escravos e pagãos tornam-se nossos governantes.

[*Saem.*]

CENA III

A câmara do conselho.

O Doge e os Senadores sentados à volta de uma mesa; Oficiais de prontidão.

Doge – Não há, nessas notícias, consistência que lhes dê crédito.

1º Senador – Deveras, elas são disparatadas. Nas minhas cartas lê-se cento e setenta galeões.

Doge – Nas minhas, cento e quarenta.

2º Senador – Nas minhas, duzentos. Todavia, embora elas não registrem uma contagem confiável... e, nesses casos em que a adivinhação é que informa, os números costumam vir com diferenças..., mesmo assim todos eles confirmam uma frota turca, velas enfunadas, e o vento tocando-as em direção a Chipre.

Doge – E, mais ainda, isso é o quanto nos basta para tomarmos uma decisão. Não me confio nessas divergências numéricas, mas a questão principal eu endosso, com uma percepção apreensiva das coisas.

Marinheiro [*falando de fora da câmara*] – Ei, olá! Ei, olá! Ei, olá!

1º Oficial – Um mensageiro dos galeões.

Entra o Marinheiro.

Doge – E agora, qual é o problema?

Marinheiro – A frota inimiga turca está se dirigindo para Rodes. Assim me foi ordenado que relatasse aqui para o Estado, pelo *Signior* Ângelo.

Doge – O que me dizem agora dessa mudança?

1º Senador – Isso não pode ser; pelo menos não de acordo com qualquer teste a que se submeta a razão. Estão fingindo ir para Rodes, com o objetivo de nos manter com o olhar distraído. Quando consideramos a importância de Chipre para os turcos e nos concentramos em compreender o que está acontecendo, pode-se ver como Chipre é melhor presa que Rodes para os turcos. O Turco pode conquistar Chipre com uma investida facilitada, pois este não se encontra envolto em cinta bélica; pelo contrário, faltam-lhe os equipamentos com os quais paramentou-se Rodes. Se conduzimos nosso pensamento nesse sentido, não se pode concluir que o Turco seja tão inábil a ponto de deixar para depois o que lhe interessa em primeiro lugar, negligenciando assim um ataque fácil e lucrativo para incitar e expor-se a um perigo infrutífero.

Doge – Não, com toda a certeza, o Turco não está se dirigindo a Rodes.

1º Oficial – Eis que nos chegam mais notícias.

Entra um Mensageiro.

Mensageiro – Os otomanos, Vossa Graça e reverendíssimo senhor, singrando os mares em rota exata para a ilha de Rodes, agregaram-se a uma outra frota.

1º Senador – Aí está, bem como eu pensava. Quantas embarcações, segundo a sua estimativa?

Mensageiro – Umas trinta velas; e agora eles redirecionam seus lemes, voltando proas no sentido em que navegavam as popas, voltando na esteira de suas naus, carregando seus propósitos abertamente, com toda a franqueza, para Chipre. O *Signior* Montano, vosso mais leal e valoroso servidor, vem de sua livre e espontânea vontade informar-vos de tais fatos, e vos pede para ser liberado.

Doge – Então é certo que o objetivo deles é Chipre. E Marcus Luccicos, não está na cidade?

1º Senador – Ele agora está em Florença.

Doge – Escreve de nossa parte para ele, com urgência urgentíssima.

1º Senador – Aí vêm Brabâncio e o valoroso Mouro.

Entram Brabâncio, Otelo, Iago, Rodrigo e Oficiais.

Doge – Meu valoroso Otelo, devemos imediatamente usar de seus serviços contra o general inimigo otomano. – [*Dirigindo-se a Brabâncio*] Não o tinha visto; bem-vindo, meu gentil *signior*. Sentimos a falta de seu conselho e de sua ajuda esta noite.

Brabâncio – E eu senti a falta de vosso conselho e ajuda. Vossa Graça, meu bom senhor, perdoai-me: não foi nem meu cargo público nem qualquer outro assunto do Estado que eu tenha ouvido que me tirou da cama. Não é nem mesmo o bem-estar geral do povo que ocupa meus pensamentos, pois minha dor particular é de tal maneira torrencial e de natureza tão oprimente que devora e engole outras tristezas... e, no entanto, continua sendo a mesma dor.

Doge – Mas por que, qual é o problema?

Brabâncio – Minha filha! Ah, minha filha!

Todos – Morta?

Brabâncio – Morta para mim. Ela foi enganada, de mim roubada e corrompida por feitiços e drogas compradas de charlatães nômades; pois para que a natureza errasse de modo tão grotesco, sendo que ela não é nem deficiente, nem cega, nem falta de inteligência, sem feitiçaria isso não teria acontecido.

Doge – Quem quer que seja ele, este que, com seu sórdido proceder, sequestrou sua filha de sua própria pessoa, assim como a sequestrou de você, o cruento livro das leis será lido por você mesmo, letra por letra de cada amarga palavra, interpretadas estas de acordo com o seu próprio entendimento; sim, ainda que fosse o meu próprio filho que você estivesse encarregado de julgar.

BRABÂNCIO – Humildemente agradeço Vossa Graça. Eis aqui o homem: esse Mouro, que agora, pelo que parece, foi para cá trazido por vosso especial mandato em prol dos assuntos de Estado.

TODOS – É pesarosa para nós tal notícia.

DOGE – [*para Otelo*] O que podes dizer em teu favor frente a isso?

BRABÂNCIO – Nada, pois esses são os fatos.

OTELO – Meus mui respeitados, distintos e poderosos senhores, mestres meus, mui nobres e reconhecidamente boníssimos, que eu roubei a filha desse idoso senhor é a mais pura verdade; e é verdade, casei-me com ela. Aí têm os senhores a latitude e longitude de meu crime, em toda a sua extensão, não mais que isso. Rude apresento-me em meu discurso, e pouco afortunado com as suaves frases que acenam paz; isso porque desde que estes meus braços tinham o muque dos sete anos de idade até hoje, perdidas apenas umas nove luas, eles empregaram sua força mais preciosa nos campos de batalha. E é sobre muito pouco deste vasto mundo que posso falar... nada além daquilo que se refere a feitos de brigas e batalhas. Assim é que pouco ajudo minha própria causa quando a defendo eu mesmo. Contudo, auxiliado pela paciência dos senhores, proponho-me a expor-lhes minha história, completa e sem rodeios, da trajetória de um amor: que drogas, quais feitiços, que invocações mágicas e que magia poderosa ... pois é desse tipo de procedimentos que estou sendo acusado ... usei para seduzir a filha desse homem.

Brabâncio – Uma donzela que nunca se mostrou atrevida; de espírito tão acomodado e calmo que dela coravam os seus próprios impulsos; e ela ... apesar de sua natureza, de sua idade, de seu país de berço, de sua reputação, apesar de tudo ... apaixonar-se por essa coisa que lhe punha medo só de olhar! É deformado e absolutamente imperfeito o julgamento que venha a confessar que a perfeição pode de tal modo errar contra todas as leis da natureza, e fica esse julgamento obrigado a encontrar práticas de diabólica astúcia para explicar tal atrocidade. Assim é que, uma vez mais, eu vos asseguro que foi com certas misturas poderosas e inoculadas no sangue de minha filha, ou com alguma aguardente adulterada para esse fim, que ele a trabalhou.

Doge – Assegurar-nos tal coisa não prova nada. Precisamos de evidências mais extensas e mais explícitas do que apresentam contra ele esses ralos trajos e pobres aparências de ordinária superficialidade.

1º Senador – Mas, Otelo, pronuncia-te: é verdade que por meios indiretos, e à força, subjugaste e envenenaste as afeições dessa jovem donzela? Ou nasceu esse amor a pedido dela e através de palavras amáveis como só ocorrem de uma alma para outra?

Otelo – Eu vos suplico, mandai buscar a dama no Sagitário, e deixai que ela vos fale de mim diante de seu pai. Se acharem os senhores que, em seu relato, ela me tem por um sujeito sórdido, então que a confiança em mim depositada e o cargo que ocupo em prol dos senhores me sejam tomados, e não só isso: que a sentença dos senhores para minha pessoa seja a pena de morte.

Doge – Tragam Desdêmona.

Otelo – Alferes, mostra-lhes o caminho; tu és quem melhor conhece o lugar.

[*Iago parte, com contínuos.*]

E até que ela chegue, com a mesma sinceridade com que confesso aos céus os vícios de meu sangue, do mesmo modo justo relatarei aos ouvidos atentos dos senhores como fui acolhido no coração dessa linda donzela, e ela no meu.

Doge – Podes falar, Otelo.

Otelo – O pai dela me tinha em grande apreço, e seguidas vezes convidava-me à sua casa. Sempre me perguntava sobre a história de minha vida, ano a ano ... as batalhas, os cercos, as venturas por que passei. E eu contava tudo, contando desde os dias de minha infância até aquele exato momento em que ele me pedia que lhe relatasse os fatos de minha vida. Assim foi que passei a narrar acasos os mais desastrosos, acidentes tocantes e sangrentos dos campos de batalha. Falei de como consegui escapar por um fio da morte iminente, de como fui feito prisioneiro pelo insolente inimigo e vendido como escravo. Contei sobre minha libertação desse tempo e relatei a história de minha conduta em minhas viagens. Assim foi que descrevi vastas cavernas e desertos desocupados, escabrosos montes de cadáveres empilhados, ásperos rochedos e montanhas cujos picos podiam tocar o céu... Essa era a minha deixa para falar... Esse era o processo...

E falei dos canibais, que se comiam uns aos outros, os antropófagos, e falei de homens cujas cabeças crescem abaixo dos ombros. Para tudo isso escutar, Desdêmona inclinava a cabeça, seu olhar muito compenetrado. Mas os afazeres da casa afastavam-na dali e, no entanto, sempre que ela podia, desvencilhava-se deles prontamente para mais uma vez voltar e, com ouvido ávido, devorar meu discurso. Isso eu observei, e aproveitei-me de um momento propício, e achei os meios decentes e próprios para dela arrancar a súplica de um coração sincero e fervoroso: que eu lhe relatasse em detalhes toda a minha peregrinação por este mundo, história da qual ela ouvira alguma coisa, sempre entrecortada, e nunca com a devida atenção. A isso consenti, e não foram poucas as vezes em que a encantei a ponto de fazê-la chorar, quando lhe narrava algum evento mais sofrido de minha juventude. Tendo contado minha história, em troca de minhas dores ela presenteou-me com um mundo de suspiros, declarando-me, na verdade, que minha história era estranha e, ainda, mais que estranha: era digna de pena, maravilhosamente digna de pena. Ela agora desejava não tê-la escutado e, no entanto, desejava também que, por vontade dos céus, tivesse sido ela esse homem. Agradeceu-me e pediu que, no caso de ter eu um amigo que a amasse, ensinasse a ele como contar minha história, e isso bastaria para enamorá-la. Tendo ela feito tal insinuação, falei eu. Ela me amava pelos perigos por que eu havia passado, e eu a amava por ter ela se compadecido de mim. Essa a única feitiçaria que usei. Eis que chega a dama; deixai que ela dê seu testemunho.

Entram Desdêmona, Iago e Serviçais.

Doge – Acho que essa história teria conquistado a minha própria filha. Meu bom Brabâncio, encare essa questão, já arruinada, pelo seu melhor ângulo: os homens sabem que é melhor usar armas, mesmo quebradas, do que as próprias mãos nuas.

Brabâncio – Eu lhes suplico, escutem-na falar. Se ela confessar que entrou de livre vontade nesse namoro, caia-me a destruição sobre a cabeça se minha injuriosa acusação abater-se sobre o homem! Chega-te mais perto, gentil senhorita: dentre todos os aqui presentes, enxergas aquele a quem deves obediência mais que a qualquer outro?

Desdêmona – Meu nobre pai, percebo aqui um dever dividido. Ao senhor, devo minha vida e minha educação. Tanto uma como outra ensinam-me a respeitá-lo. O senhor é soberano em matéria de dever, e tenho sido até agora sua filha. Mas eis aqui o meu marido, e, tanta obediência quanto minha mãe mostrou ao senhor, dando preferência ao senhor e não ao próprio pai, assim venho eu requerer meu direito de professar minha obrigação para com o Mouro, meu amo e senhor.

Brabâncio – Que Deus te acompanhe, e adeus. Não falo mais nada. Por favor, Vossa Graça, adiante com os negócios do Estado. Antes tivesse adotado uma criança em vez de tê-la gerado. Chega-te mais perto, Mouro: entrego a ti, com todo o meu coração, aquela que, embora já a tenhas, com todo o meu coração, eu a manteria afastada de ti. Por tua causa, minha joia, minha alma regozija-se por eu não ter mais filhos, pois tua fuga estaria me ensinando a ser tirano, a desejar pôr-lhes amarras. Não falo mais nada, meu Senhor.

Doge – Deixe-me falar como o senhor mesmo falou, e decretar uma sentença que, como alavanca ou degrau, pode auxiliar esse casal de apaixonados a granjear sua simpatia. Quando o irreparável está feito, cessam-se as dores vendo-se que poderia ter sido pior aquilo que no fim confiou-se em um desejo ardente. Lamentar um infortúnio que está morto e enterrado é dar o passo certo na direção de atrair para si novo infortúnio. Há sempre aquilo que não pode ser preservado quando o Destino tem as rédeas na mão, mas a Paciência encarrega-se de fazer do prejuízo uma zombaria. Aquele que foi roubado, quando sorri, furta algo do ladrão, e rouba a si mesmo quem se consome em mágoa inútil.

Brabâncio – Mas então, deixe-se o Turco de Chipre enganar-nos... Não estaremos perdendo enquanto soubermos sorrir! Aceitar bem a sentença de um juiz é aceitar tão somente o cândido conforto que dela se depreende. Mas aceitar tanto a sentença quanto a desgraça é aceitar que se terá pouca paciência para pagar por uma queixa legal. Essas sentenças, sejam elas para bajular ou para atormentar, poderosas para os dois lados, são equívocas. Todavia, palavras são palavras. Até o dia de hoje jamais ouvi dizer que um coração machucado se consertasse pelo ouvido. Humildemente eu vos suplico: tratemos de prosseguir com os assuntos do Estado.

Doge – O Turco, com uma poderosíssima frota inimiga, dirige-se para Chipre. – Otelo, tu és quem melhor conhece a capacidade de resistência material do lugar. Embora tenhamos ali um representante oficial nosso, da mais alta competência, ainda assim a opinião pública, soberana amante de resultados, concede à tua pessoa uma aprovação mais prudente. Deves, portanto, conformar-te: terás de embaçar o brilho de tuas novas fortunas com essa expedição mais difícil e violenta.

Otelo – O Costume, esse tirano, respeitados senadores, soube transformar para mim o leito de pedra e aço da guerra em colchão de plumas três vezes joeiradas. Reconheço em mim um entusiasmo natural e expedito que só encontro na adversidade; assim é que aceito encarregar-me das presentes guerras contra os otomanos. É, portanto, com a maior humildade que, reverenciando vosso Estado, suplico sejam providenciados arranjos convenientes para minha esposa, que lhe sejam devidamente designados endereço e pensão, e que tais acomodações e companhia estejam à altura de sua estirpe.

Doge – Ora, com tua licença, que se acomode ela em casa de seu pai!

Brabâncio – Isso eu não posso permitir.

Otelo – Nem eu.

Desdêmona – Nem eu. Eu não poderia com ele residir, pois isso seria pôr na cabeça de meu pai pensamentos inquietantes, estando eu sob sua vista. Meu caro Doge, Vossa Graça, para minha revelação peço que se empreste um ouvido favorável, e deixai-me descobrir em vossa voz o privilégio oficial que virá assistir minha simplicidade.

Doge – O que desejas, Desdêmona?

Desdêmona – Que me apaixonei pelo Mouro a ponto de ir viver com ele, isto minha total violência e meu desprezo à boa sorte encarregam-se de apregoar ao mundo. Meu coração submeteu-se mesmo à verdadeira qualidade de meu amo e senhor. Enxerguei a face de meu marido na mente de Otelo, e à sua honradez e talentosa coragem consagrei minha alma e meu destino. Assim, meus caros lordes, se eu ficar para trás, qual traça que se alimenta da paz enquanto ele vai para a guerra, os privilégios em função dos quais sou por ele apaixonada me terão sido destituídos, e terei de suportar o pesaroso ínterim de sua estimada ausência. Deixai-me acompanhá-lo.

Otelo – Garanti-lhe vossa aprovação, senhores; e peço aos céus que sejais testemunha de meu pedido: imploro aprovação não para saciar o palato de meus apetites, tampouco para estar de acordo com o ardor do corpo e afetos juvenis, em prol de minha própria e distinta satisfação, mas sim para ser livre e generoso na mente de minha esposa. E que os céus não permitam grassar em vossas caridosas almas a ideia de que meu papel em vossos magnos e sérios assuntos ficará limitado por estar ela comigo. Não, quando os brinquedinhos leves e alados do emplumado Cupido cegarem com licencioso embotamento minha capacidade especulativa e meus instrumentos de trabalho, a ponto de o esporte de meus prazeres contaminar e corromper meu serviço, então que as donas de casa façam de meu elmo uma frigideira e que todo tipo de adversidade abjeta e vil erga-se contra o juízo que fazem de mim!

Doge – Se ela fica ou se ela vai, que seja feito como vocês determinarem em conversa privada. O assunto agora em questão exige pressa, e devemos ter uma resposta com urgência.

1º Senador – Deves partir ainda esta noite.

Otelo – Parto de boa vontade.

Doge – Às nove da manhã encontramo-nos novamente aqui. – Otelo, deixa para trás um oficial teu, e ele transmitirá a ti nossas ordens, juntamente com tudo o mais que te diz respeito, coisas inerentes à tua profissão e posto.

Otelo – Se for do agrado de Vossa Graça, deixo meu alferes, homem honesto e de confiança. Incumbido deixo ele de escoltar minha esposa, juntamente com tudo o mais necessário que Vossa Graça achardes que deve a mim ser enviado.

Doge – Que assim seja. Boa noite a todos. – [*Dirigindo-se a Brabâncio*] E, meu nobre *signior*, se à virtude jamais faltasse encantadora beleza, seu genro seria muito mais belo que negro.

1º Senador – *Adieu*, bravo Mouro; trata bem de Desdêmona.

Brabâncio – Mantém-na sob tuas vistas, Mouro, se é que tens olhos para enxergar. Ela enganou o próprio pai, e pode vir a fazer o mesmo contigo.

Otelo – Desdêmona é fiel, e nisso aposto minha vida!

[*Saem o Doge, Senadores, Oficiais e outros.*]

Meu honesto Iago, devo confiar minha Desdêmona à tua guarda. Rogo-te, deixa tua mulher servir-lhe de companhia, e depois traze-as na melhor oportunidade. Vem, Desdêmona, tenho só uma hora de amor, de sentido e significância mundanos, para contigo ficar. Devemos obedecer ao tempo.

[*Saem Otelo e Desdêmona.*]

Rodrigo – Iago!

Iago – Que me diz você, nobre coração?

Rodrigo – O que achas que vou fazer?

Iago – Ora, ir para a cama e dormir.

Rodrigo – Vou, incontinente, afogar-me.

Iago – Se assim o fizer, jamais lhe terei afeto depois disso. Ora, você, cavalheiro tolo!

Rodrigo – Tolo seria viver quando viver é um tormento. Temos, além disso, uma prescrição para morrer quando a morte é nosso médico.

Iago – Ah, torpe criatura! Olho o mundo faz quatro vezes sete anos e, desde que aprendi a distinguir entre um ato de caridade e uma injúria, jamais encontrei homem que soubesse como amar a si mesmo. Antes de dizer que me afogo pelo amor de uma galinha-d'angola, troco minha humanidade com um babuíno.

Rodrigo – Que devo fazer? Confesso que me é vergonhoso encontrar-me tão apaixonado, mas não está dentro de minha capacidade retificar tal sentimento.

Iago – "Não está dentro de minha capacidade", uma ova! Está em nós ser isso ou aquilo outro. Nossos corpos são jardins, dos quais nossas vontades são os jardineiros. Portanto, se plantamos urtiga ou semeamos alface, se plantamos hissopo ou capinamos ervas daninhas, se suprimos esse jardim com um único gênero de ervas ou o distraímos com muitos, seja para esterilizá-lo com ócio ou adubá-lo com trabalho diligente... ora, o poder e a autoridade reguladora disso encontra-se em nossas vontades. Se à balança de nossas vidas faltasse o prato da razão para estabilizar o outro, da sensualidade, o sangue e a baixeza de nossas naturezas acabariam por nos conduzir a conclusões absurdamente grotescas. Mas dispomos da razão para resfriar nossos impulsos de paixão e fúria, os ardores de nossa carne, nossos desejos, as luxúrias desenfreadas. Vejo, portanto, isso que você chama de amor como sendo mero rebentão ou enxerto.

Rodrigo – Não pode ser.

Iago – Não é mais que um apetite do sangue e uma permissão da vontade. Ora, vamos, seja homem. Afogar-se! Afogam-se gatos e filhotes cegos de cachorro. Confessei-me seu amigo, e declaro mais: sinto-me amarrado a seus méritos por fios de perdurável resistência. Posso auxiliá-lo agora melhor e mais do que nunca. Ponha dinheiro em sua bolsa; parta para essas guerras; esconda o seu rosto com uma barba falsa. Repito: ponha dinheiro em sua bolsa. É impossível que Desdêmona continue dedicando amor ao Mouro por muito tempo ... ponha dinheiro em sua bolsa ... ou que ele continue dedicando amor a ela. O começo dos dois foi violento, e você será testemunha de uma separação correspondente ... ponha apenas dinheiro em sua bolsa. Esses mouros são volúveis ... encha sua bolsa de dinheiro. A mesma comida que para ele agora é tão saborosa quanto alfarrobas em breve adquirirá gosto tão amargo quanto o de coloquíntidas. Ela inevitavelmente vai trocá-lo por juventude; quando estiver farta do corpo do Mouro, descobrirá o erro de sua escolha. Portanto, ponha dinheiro em sua bolsa. Se você precisa mesmo maldizer-se até a morte, faz tal coisa de modo mais delicado que por afogamento. Ganhe o máximo de dinheiro que você puder. Se a beatice e um frágil juramento entre um bárbaro pecador e uma veneziana sutil ao extremo não forem difíceis demais para minha esperteza e todas as tribos do inferno, dela você desfrutará. Portanto, ganhe o máximo de dinheiro que você puder. Que se dane o seu afogamento! Está fora de questão. Antes, busque ser enforcado por tramar a própria alegria em vez de afogar-se e partir sem a sua Desdêmona.

Rodrigo – Prometes ser leal às minhas esperanças se eu me confiar nessa expectativa?

Iago – Pode fiar-se em mim. Vá, ganhe o máximo de dinheiro que você puder. Já lhe disse várias vezes, e repito quantas vezes você quiser: odeio o Mouro. Meus motivos têm raízes no coração; os seus têm tanta razão de ser quanto os meus. Vamos agir em conjunto na nossa vingança contra ele. Se você conseguir presenteá-lo com um par de chifres, estará presenteando a si mesmo com um prazer e a mim com um divertimento. Há muitos eventos na barriga prenhe das horas, e eles têm de ser paridos. Em frente! Marcha! Arranje o seu dinheiro! Continuaremos esta conversa amanhã. *Adieu*.

Rodrigo – E, amanhã de manhã, onde nos encontramos?

Iago – Em meu alojamento.

Rodrigo – Estarei contigo logo cedo.

Iago – Agora vá. Adeus. Ouviu-me bem, Rodrigo?

Rodrigo – O que dissestes?

Iago – Nem pensar em afogamento, ouviu-me bem?

Rodrigo – Sou outro homem.

Iago – Agora vá. Adeus. Ponha dinheiro suficiente em sua bolsa.

Rodrigo – Venderei minhas terras.

[*Sai.*]

Iago – É assim que sempre faço um tolo rechear minha bolsa. Pois meu próprio conhecimento adquirido eu profanaria se tempo gastasse com um tal bobalhão, a menos que seja para meu divertimento e para lucrar alguma coisa. Tenho ódio ao Mouro; e é pensamento corrente no exterior que entre meus lençóis ele já exerceu meu ofício. Não sei se é verdade; contudo, eu, dada a mera suspeita desse tipo de ofensa, pretendo agir como se dele tivesse certeza. Ele me tem em alta conta; tanto melhor para que meu objetivo contra ele seja atingido. Cassio é um homem decente. Agora, deixa-me ver: pegar o lugar dele e coroar minha vontade com dupla patifaria. Mas, como? Como? Vejamos: após algum tempo, maltratar os ouvidos de Otelo, sugerindo que Cassio é por demais íntimo de sua mulher, que ele tem uma figura e uma disposição meiga suspeitáveis... moldado para fazer das mulheres pessoas falsas. O Mouro é de natureza aberta e generosa: acredita ser honesto todo homem com aparência de honesto, e deixa-se levar docilmente pelo nariz, assim como o são os asnos. Está concebido! Foi gerado! O inferno e o breu da noite deverão dar à luz do mundo esse monstro.

SEGUNDO ATO

CENA I

Um porto de mar em Chipre. Um espaço aberto próximo ao cais.

Entram Montano e dois Cavalheiros.

MONTANO – Desde aqui no promontório, o que consegues discernir em alto-mar?

1º CAVALHEIRO – Absolutamente nada. O mar está por demais agitado. Não se consegue, entre o céu e o mar aberto, avistar uma única vela.

MONTANO – A mim quer me parecer que o vento está gritando com a terra. Rajadas assim poderosas jamais antes açoitaram nossas ameias. Se ele se mostrou assim brutal sobre o mar, que vigas e traves, mesmo de carvalho, quando verdadeiras montanhas liquefazem-se sobre elas, conseguiriam manter-se encaixadas umas às outras? Que notícias será que vamos receber?

2º CAVALHEIRO – As de uma dispersão da armada turca, pois basta que o senhor caminhe até a praia, coberta de espuma, e verá que o mar encapelado, com seus vagalhões em fúria, parece arremessar-se contra as nuvens. A onda sacudida pelo vento, sua crina alta e monstruosa, parece jogar água sobre a flamejante Ursa Maior e extinguir as defesas da sempre fixa Ursa Menor. Nunca tinha eu assistido a tal cena de molestamento contra um oceano raivoso.

Montano – Se a armada turca não conseguiu abrigar-se em alguma baía, naufragaram. É impossível que tenham podido se defender desse vento.

[*Entra um terceiro Cavalheiro.*]

3º Cavalheiro – Novidades, rapazes! Findaram-se nossas guerras. Esta tempestade desesperada tanto golpeou os turcos que interrompe-se por aqui o plano deles. Um navio nobre de Veneza avistou atrozes naufrágios e o tormento de maior parte da armada turca.

Montano – Como? É verdade?

3º Cavalheiro – O navio encontra-se aqui aportado; é veronês. Miguel Cássio, tenente do guerreiro mouro Otelo, desembarcou e veio a terra. O Mouro está em alto-mar, com um mandato administrativo aqui para Chipre.

Montano – Isso me alegra, pois o Mouro é governador digno.

3º Cavalheiro – Mas esse mesmo Cássio, embora ele fale de satisfação com a perda dos turcos, mostra o semblante triste e reza em prol da segurança do Mouro, pois a tempestade, feia e violenta, fez com que se separassem.

Montano – Que os céus concedam segurança ao Mouro, pois servi sob suas ordens, e o homem sabe comandar como um verdadeiro soldado. Vamos até a praia, homens, não só para ver a nau que aportou, mas também para lançar nossos olhares ao mar em busca do bravo Otelo, nem que, de tanto olhar, venhamos a confundir o alto-mar com o alto azul celeste.

3º Cavalheiro – Vamos, façamos isso mesmo, pois a cada minuto existe a expectativa de mais desembarques.

[*Entra Cássio.*]

Cássio – Fico-lhes agradecido, aos valentes desta ilha guerreira que tanta estima têm pelo Mouro! Oh, que os céus a ele providenciem defesa contra os elementos, pois eu o perdi num mar perigoso.

Montano – Está ele num bom navio?

Cássio – A nau em que ele veleja tem madeiramento robusto, e o piloto tem recomendação por muito experiente e reconhecido. Portanto, minhas esperanças, se não confiscadas pela morte, são as mais otimistas possíveis.

[*Ouve-se um grito:* "Barco à vista! Barco à vista!".]

[*Entra um quarto Cavalheiro.*]

Cássio – Que barulho é esse?

4º Cavalheiro – A cidade está deserta. À beira do mar postam-se filas e mais filas de gentes, e todos berram "Barco à vista!"

Cássio – Minhas esperanças dizem-me que é o do Governador.

[*Ouvem-se disparos.*]

2º Cavalheiro – Disparam tiros de cortesia. Pelo menos é um barco amigo.

Cássio – Imploro-lhe, senhor, vá até lá e traga-nos notícias exatas de quem está chegando.

2º Cavalheiro – Farei isso.

[*Sai.*]

Montano – Mas, meu bom tenente, está casado o seu general?

Cássio – Afortunadamente. Conquistou ele uma donzela que combina com perfeição sua aparência e a fama indescritível de sua beleza, beleza essa que supera as sutilezas dos poetas mais inflamados e, nas vestimentas essenciais da criação, esgota o próprio inventor.

[*Entra uma vez mais o segundo Cavalheiro.*]

E então? Quem aportou?

2º Cavalheiro – É um tal de Iago, alferes do general.

Cássio – Viajou ele em condições bastante favoráveis e afortunadas. As próprias tempestades, mares de ondas gigantescas e ventos uivantes, os rochedos escarpados e bancos de areia, traidores submersos para atravancar as quilhas ignorantes, como se tivessem alguma noção de beleza, omitem seus mortais talentos e permitem a passagem segura da divina Desdêmona.

Montano – Quem é ela?

Cássio – Aquela de quem falo, a comandante de nosso grande comandante, zarpou sob a guarda do corajoso Iago, cujo desembarque aqui antecipa nossos pensamentos à velocidade de sete dias e sete noites. – Poderoso Jove, sê guardião de Otelo, enfuna as velas do barco de meu general com teu próprio e poderoso sopro, de modo que ele possa abençoar esta baía com seu vistoso navio, ofegar amorosamente nos braços de Desdêmona, dar novo lume a nossos espíritos apagados e trazer satisfação a toda a ilha de Chipre.

[*Entram Desdêmona, Emília, Iago, Rodrigo e Serviçais.*]

Oh! Vejam! Os tesouros do navio encontram-se já na praia. Quanto a vocês, homens de Chipre, deixem-na tê-los a seus pés. Saudações a vós, senhora, e que as graças dos céus envolvam-na por diante, por detrás, por todos os lados.

Desdêmona – Fico-lhe agradecida, meu valoroso Cássio. Que notícias tem o senhor para me dar sobre meu esposo?

Cássio – Ainda não chegou. Nem eu estou sabendo de nada; apenas sei que ele está bem e que muito em breve estará conosco.

Desdêmona – Oh, mas eu temo por ele... Como aconteceu de se separarem um do outro?

Cássio – A enorme contenda entre céus e mares fez com que se afastassem os amigos. Mas... escutem! Barco à vista!

[*Ouve-se um grito:* "Barco à vista! Barco à vista!", *e, depois, disparos.*]

2º Cavalheiro – Eles saúdam a cidadela. Esse também, é barco amigo.

Cássio – Vá inteirar-se das notícias.

[*Sai o Cavalheiro.*]

Meu bom alferes, sê bem-vindo.

[*Para Emília:*]

Bem-vinda, minha senhora.

Não permite que isto azede tua paciência, meu bom Iago, o fato de eu estender minhas boas-vindas. É minha educação que me encoraja a esta ousada demonstração de cortesia.

[*Beija Emília.*]

Iago – Senhor, fossem os lábios dela dar-lhe tanta atenção quanto sua língua afiada dá, tantas vezes, à minha pessoa, e o senhor estaria farto.

Desdêmona – Pobre Emília, quase nem fala.

Iago – Pelo contrário, fala demais! Descubro isso toda vez que me sinto pronto para dormir. Mas, deveras, diante da senhora, minha lady, garanto-lhe: ela guarda a língua em seu coração e a censura em pensamento.

Emília – Não tens suficientes motivos para assim falar.

Iago – Ora, vamos! Ora, vamos! Vocês mulheres são uma pintura fora da intimidade do lar, guizos na sala de visitas, gato selvagem na cozinha, santas em suas injúrias, diabólicas quando se ofendem; dominam o jogo das lides domésticas e sabem ser assanhadas na cama.

Desdêmona – Oh, que vergonha! Arrepende-te de tuas palavras, caluniador!

Iago – São verdadeiras as minhas palavras; quero ser um turco se não é assim. Vocês se levantam para brincar e deitam-se para trabalhar.

Emília – Estás proibido de escrever elogios à minha pessoa.

Iago – Por favor, não o permitas.

Desdêmona – O que o senhor escreveria sobre mim, se tivesse de escrever elogios à minha pessoa?

Iago – Ah, minha gentil senhora, não me ponha contra a parede. Não sou nada além de crítico.

Desdêmona – Ora, vamos! Experimente... Alguém foi até ao porto?

Iago – Sim, madame.

Desdêmona – (Não me sinto feliz; mas posso distrair aquela que sou fingindo ser outra coisa.) [*em voz alta*] – Vamos lá, como teceria elogios à minha pessoa?

Iago – Estou elaborando a loa; mas, na verdade, minhas invenções saem da minha cachola como sai o visco do feltro ... arrancam fora miolos e tudo. Mas minha musa gestou algo, que agora nasce.

Se for bela e esperta a mulher,
A beleza ela sabe usar.
A esperteza vai lhe ditar
Como usá-la, se lhe aprouver.

Desdêmona – Elogio muito bem feito! E se ela for negra e esperta?

Iago – Se for negra e esperta a mulher,
Esperteza ela sabe usar
Para um homem branco arranjar
Que lhe esfregue a tal negra tez.

Desdêmona – Essa foi péssima.

Emília – E se ela for bela e tola?

Iago – Não existe mulher bela
De tamanha estupidez
Que não possa se gabar
De um herdeiro que ela fez.

Desdêmona – Esses são ditos antigos, paradoxos bobos

para fazer rir aos homens nas cervejarias. Que elogio infeliz tem o senhor para aquela que é feia e tola?

Iago – Não há mulher feia o suficiente
E burra na medida certa
Que não consiga ser tão quente
Como a dama mais bela e esperta.

Desdêmona – Ah, vil ignorância! O senhor elogia a pior delas com as melhores frases. Mas com que elogio presentearia o senhor uma mulher verdadeiramente digna, uma mulher que, com a autoridade de seus méritos, estimulasse a genuína garantia da mais pura malícia?

Iago – Aquela que foi sempre bela e jamais
[orgulhosa,
Sempre falou o que quis e jamais foi vulgar,
A quem jamais faltou dinheiro e nunca disso se
[gabou,
Furtou-se a seus desejos, porém disse "Agora
[eu posso";
Aquela que, injuriada, quando vê chegar o dia de
[sua vingança
Convida o inimigo a ficar e manda para longe seu
[desgosto;
Aquela que em sua sabedoria jamais foi débil,
Não trocando cabeça de bacalhau por rabo de
[salmão;
Aquela que consegue pensar sem precisar expor
[suas ideias,
Enxerga os pretendentes que a seguem mas não
[olha para trás;
Ela seria gente, se é que um dia tal criatura
[conseguisse...

Desdêmona – Conseguisse o quê?

Iago – Amamentar tolos e descrever cerveja fraca e café pequeno.

Desdêmona – Ora, que conclusão mais aleijada e impotente! Não escutes o que esse senhor fala, Emília, muito embora ele seja teu marido. O que me diz, Cássio? Não é ele um conselheiro profano e licensioso?

Cássio – Ele fala sem fazer rodeios, madame. A senhora pode apreciá-lo como soldado, não como homem de letras.

Iago – (Ele a conduz pela mão. Ah, ótimo, sussurrem. Será com uma teia mínima, fininha como essa que apanharei mosca do porte de Cássio. Isso, sorri para ela, procede exatamente assim. Vou-te agrilhoar em teus próprios galanteios. Falas a verdade: deveras, é isso mesmo. Se truques desse tipo podem de ti arrancar teu posto de tenente, melhor teria sido que não tivesses beijado teus três dedos tantas vezes. Por outro lado, estás agora ensaiado, mais apto a desempenhar o papel de um nobre senhor. Muito bom! Bem beijado! Um autêntico gesto galante! É isso mesmo. Deveras! E, ainda uma vez mais, levas os dedos aos lábios? Quisera eu que fossem eles, para teu próprio bem, cânulas de clister!

[*Ouve-se o som de trombetas.*]

[*Em voz alta*] O Mouro! Reconheço o som dessa trombeta.

Cássio – É verdade.

Desdêmona – Vamos ao encontro dele, vamos recebê-lo.

CÁSSIO – Olhem, lá vem ele!

Entram Otelo e Serviçais.

OTELO – Ah, minha linda guerreira!

DESDÊMONA – Meu querido Otelo!

OTELO – Minha alma encanta-se tanto quanto eu fico satisfeito em ver-te aqui, diante de meus olhos. Alegria da minha vida! Se depois de cada tempestade a bonança é esta, que soprem os ventos, e que eles soprem sem medo de despertar a morte! Que a nau balouçante escale montes de mares da altura do Olimpo, só para depois mergulhar mais uma vez, tão profundo como a distância entre céu e inferno! Se agora fosse o momento de morrer, não posso imaginar momento mais propício, pois minha alma inunda-se de uma satisfação tão absoluta que, receio, nenhum prazer igual tem chance de suceder-se nesse grande desconhecido que é o futuro.

DESDÊMONA – Que os céus não permitam tal coisa. Que nossos sentimentos e prazeres cresçam sempre e mais, à medida que vão se somando os dias de nossas vidas!

OTELO – Amém, doce força de minha vida! Nem tenho palavras, tamanha é a satisfação que sinto. Meu discurso acaba aqui. A alegria é demais.

[*Beijam-se.*]

E este, e mais este: que sejam estas as piores discórdias entre nossos corações.

IAGO – (Oh, estão vocês os dois bem sintonizados agora! Mas eu me encarregarei de afrouxar as cordas que produzem essa harmonia, do modo mais honesto de que sou capaz.)

Otelo – Vamos, para o castelo. – Novidades, meus amigos: acabaram-se nossas guerras; os turcos naufragaram. – Como tem passado o meu velho conhecido desta ilha? – Querida, tu vais ser muito benquista em Chipre; eu mesmo encontrei entre eles muito amor. Ah, minha doce Desdêmona, eu fico tagarelando sem coerência e falo de coisas bobas, para minha própria satisfação. – Peço-te um favor, meu bom Iago: vai até a baía e traz a terra meus cofres. Traze também o comandante para a cidadela; ele é um bom homem, e, por valoroso, merece todo o nosso respeito. – Vamos, Desdêmona, e deixa-me dizer-te mais uma vez o quanto tua presença é bem recebida em Chipre.

[*Todos, menos Iago e Rodrigo, partem.*]

Iago – Encontre-me daqui a pouco no ancoradouro. Aproxime-se. Se você é valente ... e, como dizem, homens desprezíveis, quando apaixonados, acrescentam uma nobreza a suas características, mais do que lhes é natural ... escute-me. Esta noite, o tenente fica de vigia na sala da guarda. Primeiro, preciso que você saiba o seguinte: Desdêmona está flagrantemente apaixonada por ele.

Rodrigo – Por ele! Ora, não é possível.

Iago – Faz assim com o seu dedo, Rodrigo, e deixe sua alma ser orientada. Preste-me atenção: lembra com que violência ela começou a amar o Mouro? Só para vangloriar-se, para contar suas mentiras fantásticas. Será que ela ainda vai amá-lo por sua tagarelice? ... Não permita ao seu discreto coração pensar tal coisa.

O olhar dela deve ser alimentado; e que deleite pode lhe advir de encarar o demônio? Quando o sangue tiver embotado com o ato da diversão, deverá haver ... para uma vez mais inflamá-lo e garantir à saciedade um renovado apetite ... amorosidade na fisionomia, uma simpatia que vem com a idade, gestos educados e bonitezas. Ou seja, tudo que o Mouro não tem. Assim sendo, por falta dessas conveniências necessárias, a delicada ternura de Desdêmona terminará por encontrar-se vilipendiada, sentirá ânsias de vomitar aquilo que engoliu, terá aversão ao Mouro e vai achá-lo abominável. A própria natureza vai se encarregar de orientá-la nesse sentido e a impelirá para uma segunda escolha. Agora, meu senhor, isso garantido ... já que essa é uma asserção óbvia e nem um pouco forçada ... quem encontra-se em posição mais eminente na escada para esse afortunado destino do que Cássio? ... um patife bastante volúvel. Tão consciencioso que reveste-se de uma aparência humana e de uma forma civilizada que é para melhor satisfazer seus afetos torpes, os mais secretos e lascivos. Ora, ninguém está mais eminente que ele, ninguém ... um patife sutil, escorregadio; um tipo com faro para as boas oportunidades, com um olho para imaginar e fabricar vantagens, muito embora a real vantagem jamais tenha se apresentado; um patife diabólico! Além disso, o patife é bonito, jovem e apresenta-se munido de todos os requisitos que as cabeças imaturas e desmioladas procuram em alguém; um rematado patife, pestilento; e a mulher já deu com os olhos nele.

Rodrigo – Não posso acreditar algo assim dela; é um ser pleno de disposições as mais abençoadas.

IAGO – Abençoadas, uma ova! O vinho que ela bebe é feito de uvas. Fosse ela abençoada, jamais teria se apaixonado pelo Mouro. É um belo pastel de vento abençoado, isso sim! Não viu como ela alisava a palma da mão dele? Não lhe chamou a atenção uma tal coisa?

RODRIGO – Sim, isso sim; mas foi pura cortesia.

IAGO – Libertinagem, por esta mão! Indicador e prólogo obscuro de uma história de luxúria e pensamentos impuros. Aproximaram tanto os lábios um do outro que seus hálitos chegaram a se abraçar ... pensamentos infames, Rodrigo! Quando essas reciprocidades colocam as coisas em ordem de batalha, imediatamente atrás vêm a ordem de comando e o principal exercício de guerra: o enfrentamento corpo a corpo. Pois sim, pura cortesia! Meu senhor, deixe-me orientá-lo. Trouxe você comigo desde Veneza. Fique de vigia esta noite; quanto à ordem para tal, encarrego-me de colocá-lo de guarda. Cássio não o conhece. Eu não estarei muito longe de vocês. Encontre alguma oportunidade para irritar Cássio, seja falando alto demais ou burlando sua disciplina, ou de qualquer outro jeito que você quiser e que o tempo venha determinar favoravelmente.

RODRIGO – Está bem.

IAGO – Meu senhor, ele é impulsivo e precipita-se quando encolerizado, e pode acontecer de querer golpear-te ... provoque-o de modo que ele faça isso mesmo. Pois será exatamente esse o pretexto que usarei para que os cipriotas se amotinem, e a desafeição deles só poderá ser mitigada com a destituição de Cássio. Assim, gozará você de uma jornada mais curta até os seus desejos através de meios que eu vier a promover, e terá você o impedimento removido do modo mais lucrativo, remoção esta sem a qual não haveria esperanças para nossa prosperidade.

Rodrigo – Farei como dizes, se puderes arranjar para isso a oportunidade.

Iago – Essa eu lhe garanto que arranjo. Encontre-me daqui a pouco na cidadela. Devo trazer do navio a bagagem do Mouro. Adeus.

Rodrigo – *Adieu.*

[*Sai.*]

Iago – Que Cássio a ama, nisso eu bem acredito. Que ela o ame, é bem possível, e também crível. O Mouro, embora eu não o suporte, é homem de natureza nobre, dedicada, constante; e ouso pensar que ele provará ser para Desdêmona um precioso marido. Agora, amar eu também a amo, não por um puro desejo carnal ... muito embora por vezes eu me veja cometendo um tão grande pecado ... mas parcialmente porque sou levado a alimentar minha vingança. Pois, suspeitando eu que o lascivo Mouro tenha pulado na minha cama, tal pensamento corrói, como se fosse mineral venenoso, minhas entranhas. E nada poderá ou conseguirá aliviar minha alma até que eu esteja quites com ele, esposa por esposa. Em falhando esse plano, sempre posso, pelo menos, criar no Mouro um ciúme tão forte a ponto de o bom senso não poder remediá-lo. Para tanto, a coisa a ser feita ... se esse pobre rebotalho de Veneza, que trago pela coleira para essa rápida caçada, aguentar a incitação ... terei Miguel Cássio preso pela cintura. Aos ouvidos do Mouro, ofenderei Cássio em seu uniforme de oficial ... pois temo que Cássio também tenha usado minha touca de dormir ... farei com que o Mouro me agradeça, me aprecie e me gratifique por fazer dele um ilustre asno, e isso tudo trapaceando contra sua paz e quietude, levando-o à loucura. Ela está bem aqui, porém ainda confusa: a mais pura face da canalhice, jamais vista até que seja usada.

[*Sai.*]

CENA II

Uma rua.

Entra um Arauto com uma proclamação; o povo o segue.

Arauto – É o desejo de Otelo, nosso nobre e valente general, que, dadas certas notícias ora chegadas sobre o completo desbaratamento da armada turca, larguem todos o trabalho e façam deste um dia festivo. Dancem, acendam fogueiras, cada homem divertindo-se e folgando conforme lhe ditam os seus prazeres. Além dessas tão vantajosas novidades, celebra-se hoje o casamento de nosso general. Seu regozijo é tamanho que determinou fosse proclamada a boda. As dependências do castelo estarão franqueadas ao povo, e todos poderão banquetear-se livremente, desde a presente hora, cinco da tarde, até que o sino tenha tocado as onze horas da noite.

CENA III

Um salão da cidadela.

Entram Otelo, Desdêmona, Cássio e Serviçais.

OTELO – Meu bom Miguel, fique você de vigia na ronda desta noite. Vamos nós mesmos ensinar a todos quando é chegado o momento honroso de parar, para que não se perca a prudência.

CÁSSIO – Iago já tem suas instruções quanto ao que fazer. Contudo, verificarei pessoalmente que tudo esteja em ordem.

OTELO – Iago é profundamente honesto. Miguel, boa noite. Amanhã, o mais cedo da manhã, quero conversar com você. – Vem, minha querida. A aquisição feita, é certo que se seguirão os frutos, mas esse ganho ainda está por vir entre nós dois. – Boa noite.

[*Otelo, Desdêmona e Serviçais retiram-se.*]

Entra Iago.

CÁSSIO – Bem-vindo, Iago. Devemos ir para a ronda.

IAGO – Não agora já, tenente; ainda nem são dez horas. Nosso general dispensou-nos assim tão cedo pelo amor de sua Desdêmona, o que, por sinal, não tem nada de censurável, posto que ele ainda não brincou na noite com ela, e ela é diversão para Jove.

CÁSSIO – Ela é uma dama extremamente refinada.

IAGO – E, garanto-lhe, cheia de truques amorosos.

CÁSSIO – Realmente, ela é uma criatura estimulante e delicada.

IAGO – Que olhar ela tem! A mim quer me parecer que seu olhar conversa, provocativo.

CÁSSIO – Um olhar convidativo; e, no entanto, a mim quer me parecer que é absolutamente modesto.

IAGO – E, quando ela fala, não é a voz dela um sinal de alerta para o amor?

CÁSSIO – Deveras, ela é a perfeição em pessoa.

IAGO – Bem, felicidade aos lençóis do casal! Venha, tenente, tenho uma garrafa de vinho. E lá fora estão um punhado de galantes cipriotas que de bom grado tomariam uma dose à saúde do negro Otelo.

CÁSSIO – Não esta noite, meu bom Iago. Minha cabeça é muito fraca e desastrosa para a bebida. Eu bem que gostaria que as cortesias sociais inventassem algum outro costume para a diversão.

IAGO – Ah, mas eles são nossos amigos ... não mais que um copo. Beberei por você.

CÁSSIO – Não bebi mais que um copo esta noite, e também esse foi habilmente diluído, e olha só que confusão se produziu aqui. Tenho a infelicidade de sofrer dessa enfermidade, e não ouso sobrecarregar minha fraqueza com ainda mais vinho.

IAGO – Ora, homem! Esta é uma noite para folgar. Os galantes assim o desejam.

CÁSSIO – Onde estão eles?

IAGO – Aqui, à porta. Peço-lhe: convide-os a entrar.

CÁSSIO – Farei isso; mas isso não me agrada.

[*Sai.*]

Iago – Se eu conseguir empurrar-lhe só mais um copo, com o que ele já bebeu esta noite, terei ele a ponto de puxar briga e insultar o primeiro que lhe cruzar à frente, bem como o cachorro de minha mulher. Agora, aquele tolo, doentio Rodrigo, a quem o amor conseguiu virar do avesso, à saúde de Desdêmona bebeu esta noite inumeráveis copos, e copos fundos como cantis. E ele deve fazer a ronda. Três outros, cipriotas, espíritos nobres e inflamados, que mantêm suas reputações a uma distância cautelosa, sendo eles os próprios elementos desta ilha guerreira, eu lhes confundi a cabeça esta noite, com copos transbordantes. E eles também devem fazer a ronda. Agora, no meio desse bando de bêbados coloco Cássio agindo de alguma forma que possa ofender a ilha. Mas, eis que chegam. Se as consequências não aprovam o meu sonho, meu barco veleja com toda a liberdade, tanto com vento quanto com a corrente.

Volta Cássio; com ele, chegam Montano e os Cavalheiros; os Serviçais seguem-nos, carregando vinho.

Cássio – Por Deus! Eles já me serviram de um copaço cheio até a borda!

Montano – A bem da verdade, um copinho de nada; por minha palavra de soldado, não foi mais que um quartilho.

Iago – Olá! Mais vinho aqui!
[*canta*] E vamos bater os canecos, necos, necos;
E vamos bater os canecos, necos;
O soldado é um homem
E a vida de um homem, só um treco
Então vamos entornar canecos
Vinho aqui para nós, rapazes!

Cássio – Por Deus, que música fantástica!

Iago – Aprendi na Inglaterra, onde, de fato, eles aguentam bem a bebida. Os dinamarqueses, os alemães, e mesmo os holandeses, com suas barrigas balofas ... Bebida, alô! ... são nada, comparados com os ingleses.

Cássio – Os ingleses são assim tão refinados ao beber?

Iago – Ora, um inglês me bebe com facilidade o que faz um dinamarquês desmaiar de bêbado. Nem sua para derrubar um alemão no copo. O holandês já está vomitando antes de encherem ainda outra vez o caneco.

Cássio – À saúde do nosso general!

Montano – Sou totalmente a favor desse brinde, tenente, e bebo à saúde do general.

Iago – Oh, doce Inglaterra!
[*canta*] Ao rei Estévão, nobre inglês ilustríssimo,
Um xelim mais parece a ele caríssimo;
Quase lhe custa o reino um par de culotes;
Xinga o alfaiate: vil, velhaco, velhote.

Mas era gente mui famosa e capaz;
Mas é o orgulho quem empurra pra trás
Este país; você não passa de um verme;
Põe esse seu manto roto sobre a epiderme.

Mais vinho, alô!

Cássio – Puxa! Essa música é ainda mais exótica que a outra.

Iago – Quer ouvi-la de novo?

Cássio – Não. Considero não merecedor de sua posição o homem que faz essas coisas. Mas, afinal, Deus está acima de tudo; e há almas que devem ser salvas, e há almas que não merecem a salvação.

Iago – Lá isso é verdade, meu bom tenente.

Cássio – De minha parte ... sem nenhuma pretensão de ofender o general, nem qualquer homem de integridade ... espero salvar-me.

Iago – E eu também espero salvar-me, tenente.

Cássio – Ah, mas, com a devida licença, não antes de mim; o tenente deve poder salvar-se antes do alferes. Agora, chega dessa conversa. O dever nos chama. E Deus que perdoe os nossos pecados! Cavalheiros, vamos às nossas obrigações. Não pensem, cavalheiros, que estou bêbado. Este aqui é meu alferes. Este aqui é meu braço direito, e este aqui é meu braço esquerdo. Não estou bêbado agora. Consigo ficar de pé sem perder o equilíbrio e consigo falar sem enrolar a língua.

Todos – Perfeitamente!

Cássio – Ora, pois muito bem; vocês não precisam então pensar que estou bêbado.

[*Sai.*]

Montano – Senhores, para o terraço onde se montam as armas. Vamos tratar de montar a guarda.

Iago – O senhor vê esse sujeito que retirou-se antes de nós; é um soldado que não faria feio ao lado de César; é homem talhado para comandar. E, no entanto, veja o vício que ele carrega ... não deixa de ser um justo equinócio para suas virtudes, estas tão grandes quanto aquele. É uma pena. Temo que a confiança que Otelo deposita nele, em algum momento inadequado de sua enfermidade, venha a sacudir esta ilha.

Montano – Mas ele fica seguidamente assim?

Iago – Assim é sempre o prólogo do seu sono. Ele consegue montar guarda por duas voltas completas do relógio, se a bebida não lhe vem o berço embalar.

Montano – Seria bom o general estar a par disso. Talvez ele não perceba, ou seu coração de bondade tem em grande apreço as virtudes aparentes em Cássio e prefere ignorar seus pecados. Não é verdade?

Entra Rodrigo.

Iago – (Ora, vamos, Rodrigo! Peço-lhe, vá atrás do tenente; agora).

[*Rodrigo sai.*]

Montano – E é uma grande pena que o nobre Mouro ponha em risco um posto dessa importância, o de seu assistente mais direto, com alguém que sofre de enfermidade inculcada. Seria tão somente honesta a atitude de contar isso ao Mouro.

Iago – Mas não eu. Por esta bela ilha, não eu! Tenho muita amizade a Cássio, e faria tudo o que fosse necessário para curá-lo desse mal.

[*Ouve-se um grito que vem de dentro:* "Socorro! Socorro!".]

Mas... ouça! Que barulho é esse?

Entram de novo Cássio e Rodrigo, aquele perseguindo este.

Cássio – Pelas feridas de Cristo, seu vagabundo, seu patife!

Montano – Qual é o problema, tenente?

Cássio – Um velhaco quer me ensinar a cumprir com o meu dever! Dou uma sova nele e o enfio numa dessas garrafas com vime trançado.

Rodrigo – Dá-me uma sova, pois sim!

Cássio – Ainda ficas tagarelando, vagabundo?

[*Bate em Rodrigo.*]

Montano – Mas não, meu bom tenente! Peço-lhe, senhor, contenha sua mão.

Cássio – Solte-me, senhor, ou amasso-lhe a cachola.

Montano – Vamos, vamos, o senhor está bêbado.

Cássio – Bêbado!

[*Os dois brigam.*]

Iago – (Vá embora, é o que lhe digo. Vá saindo e grite "Motim!" para que todos lhe ouçam).

[*Rodrigo sai.*]

[*Em voz alta*] – Mas não, meu bom tenente! – Cavalheiros, lembrem da palavra de Deus! – Ajuda aqui, alô! ... – tenente ... senhor ... – Montano ... senhor .... – Ajuda aqui, senhores! ... Uma bela guarda temos, deveras!

[*Ouve-se um sino tocando.*]

Quem é a criatura que se põe a tocar o sino? ... *Diablo*, alô! Vão acordar a cidade. – Tenente, lembre-se da palavra de Deus, contenha-se. Isso vai envergonhá-lo para sempre.

Entram de novo Otelo e Serviçais.

OTELO – Qual é o problema aqui?

MONTANO – Pelas feridas de Cristo, estou sangrando. Estou ferido de morte. Ele deve morrer.

[*Investindo mais uma vez contra Cássio.*]

OTELO – Parem, por suas vidas!

IAGO – Parem, alô! – Tenente ... senhor ... – Montano ... cavalheiros ... Esqueceram todo o senso de decoro? Lembrem-se de seus cargos e seus deveres. O general está lhes dirigindo a palavra. Parem! Parem, que vergonha!

OTELO – Ora, mas como foi isso, alô! De onde começou essa coisa toda? Transformamo-nos em turcos e a nós mesmos fazemos aquilo que os céus vetaram aos otomanos? Pelo pudor cristão, encerrem essa briga de bárbaros. O próximo que se mexer para alimentar a própria raiva é um sujeito que não tem amor à vida, pois morrerá ao menor gesto. Silenciem esse sino medonho; ele faz a ilha arrepiar-se, afastando-a de seus modos convencionais. Qual é o problema, senhores? – Honesto Iago, tu, que me pareces morto de tão mortificado, conta-me quem deu início a essa briga. Pelo amor que tens por mim, ordeno-te.

IAGO – Eu não sei. Todos amigos até agora, ainda agorinha, respeitosos uns com os outros, em bons termos, como recém-casados despindo-se para a cama; e então, ainda agorinha, como se algum planeta tivesse ensandecido os homens, as espadas estavam desembainhadas, e investiam eles, um contra o peito do outro, em sangrenta oposição. Nem tenho como contar o começo dessa desavença impertinente. Preferia eu em glorioso combate ter perdido essas pernas que aqui me trouxeram para tomar parte nessa cena!

Otelo – Como é que se explica, Miguel, teres te esquecido de ti mesmo?

Cássio – Suplico-lhe, perdoe-me. Nem tenho palavras.

Otelo – Digno Montano, o senhor sempre teve o costume da civilidade. Em jovem, era tranquilo e circunspecto, e o mundo o reconhecia por isso, e o seu nome é pronunciado com respeito por lábios divulgadores de sábias opiniões. Qual é o problema, que o senhor desfaz sua reputação desse modo e joga fora o rico conceito de sua pessoa em troca da fama de brigão noturno? Responda-me.

Montano – Digno Otelo, o ferimento que sofri é profundo. Seu oficial, Iago, pode informá-lo ... enquanto eu economizo o discurso, pois falar agora me dói ... informá-lo de tudo o quanto sei. Não sei de absolutamente nada de minha parte, dito ou feito incorretamente esta noite ... a não ser que o amor-próprio seja por vezes um vício, e defender-nos seja um pecado quando a violência investe contra nós.

Otelo – Agora, pelos céus, meu sangue começa a comandar minhas orientações mais sensatas, e a paixão, tendo me obscurecido o discernimento, ensaia-se para conduzir-me pelo caminho. Se eu fizer um único movimento, nem que seja o simples erguer deste braço, o melhor dentre vocês terminará por enterrar-se sob minha repreensão. Deem-me a conhecer como essa abominável rixa começou, quem a ela deu início, e aquele que se provar culpado de tal ofensa, ainda que fosse meu duplo, nascidos ele e eu do mesmo parto, ele a mim terá perdido. Se tem cabimento! Numa cidade em tempos de guerra, ainda inquieta, os corações do povo transbordando de medo, e vocês tratando de querelas privadas e domésticas, à noite, justo no local de montar guarda e prover segurança! É monstruoso. Iago, quem começou?

MONTANO – Se, atrelado por parcialidade ou aliado em função de teu posto, pronunciares algo mais ou algo menos que a verdade, não és soldado.

IAGO – Não me toque tão de perto. Prefiro ter esta minha língua arrancada de minha boca a tê-la ofendendo Miguel Cássio. E, no entanto, estou convencido de que, falando a verdade, não o estarei injustiçando. Deu-se tudo assim, general: estando Montano e eu engajados em uma conversa, eis que aparece um sujeito gritando por socorro, e Cássio em perseguição, espada em punho, e empunhada com determinação, ele pronto a usá-la contra seu perseguido. Senhor, esse cavalheiro corta o caminho de Cássio e suplica-lhe que detenha-se. Quanto a mim, saí no encalço do sujeito que gritava, tentando evitar que seu clamor ... como depois de fato aconteceu ... assustasse a cidade inteira. Ele, veloz em suas passadas, frustrou meu propósito, e eu voltei o mais rápido possível, pois já ouvia o tinir de espadas encontrando-se e a voz de Cássio gritando imprecações, imprecações essas que até a noite de hoje jamais ouvi por ele pronunciadas. Quando aqui cheguei ... pois isso deu-se num curto espaço de tempo ... encontrei-os engalfinhados em golpes e estocadas, tal como estavam quando o senhor mesmo separou-os. Mais sobre essa questão não saberia relatar. Mas, homem é homem. Os melhores dentre nós às vezes perdem a cabeça. Embora Cássio tenha injuriado de leve o outro, como costumam fazer os homens acometidos de fúria, quando então investem contra aqueles que mais lhes querem bem, por outro lado, Cássio, com certeza, acredito eu, recebera de seu perseguido alguma estranha afronta, dessas que não se deixa passar em branco, pois paciência tem limite.

Otelo – Eu sei, Iago, que a honestidade e o afeto mitigam dentro de ti essa questão, tornando-a amena para Cássio. Cássio, tenho por ti enorme afeição, mas nunca mais serás meu oficial.

Entra de novo Desdêmona, acompanhada de serviçais.

Olhem se meu gentil amor não foi acordado! – Farei de ti um exemplo.

Desdêmona – Qual é o problema?

Otelo – Está tudo bem, minha querida. Volta para a cama. – Senhor, vejo que está ferido; eu mesmo serei o seu cirurgião.

[*Levam Montano embora.*]

Iago, inspeciona cuidadosamente a cidade, e aquieta todos quantos essa briga infame perturbou. – Vem, Desdêmona. Isto é a vida de soldados: ter seus sonos reparadores interrompidos por rivalidades.

[*Todos retiram-se, menos Iago e Cássio.*]

Iago – Que foi, tenente, está ferido?

Cássio – Sim, mas nisto não há cirurgia que dê jeito.

IAGO – Que os céus não permitam!

CÁSSIO – Reputação, reputação, reputação! Ah, perdi minha reputação! Perdi a única parte imortal do meu ser, e o que resta é bestial. Minha reputação, Iago, minha reputação!

IAGO – Por minha honestidade, pensei que você havia recebido alguma estocada no corpo. Faz mais sentido preocupar-se com isso que com a reputação. Reputação é uma imposição tremendamente falsa e inútil, muitas vezes angariada sem mérito e perdida sem um real motivo. Você não perdeu reputação nenhuma, a menos que se repute a si mesmo um perdedor. Ora, homem! Há maneiras de recuperar o general. Ele apenas o destituiu de seu cargo num acesso de raiva, uma punição mais em prol de uma política e não tanto por dolo; algo assim como alguém espancar seu inofensivo cãozinho para amedrontar um majestoso leão. Apele uma vez mais ao general, e ele será seu.

CÁSSIO – Prefiro apelar a ele para que me despreze; jamais decepcionaria tão bom comandante com um oficial tão leviano, tão bêbado e tão indiscreto. Bêbado! Tagarelando igual a um papagaio! E altercando-se! E bravateando! E praguejando! E tecendo discursos empolados com a própria sombra! – Ah, tu, espírito invisível do vinho, se não tens um nome pelo qual podes te tornar conhecido, vamos chamar-te de demônio!

IAGO – Quem era aquele a quem você perseguia com sua espada? O que tinha ele feito contra você?

CÁSSIO – Não sei.

IAGO – Será possível?

CÁSSIO – Lembro-me de um emaranhado de coisas, mas nada distintamente; uma briga, mas não suas razões. Oh, e pensar que os homens põem um inimigo em suas bocas para lhes roubar os cérebros! E pensar que, com alegria, prazer, deleite e aplauso, transformamo-nos em bestas!

IAGO – Ora, mas você está agora muito bem. Como recobrou a lucidez tão rápido?

CÁSSIO – Aprouve ao demônio embriaguez ceder seu lugar ao demônio ira. As imperfeições de um abriram-me o caminho para o outro, tudo para que eu chegasse a verdadeiramente desprezar-me.

IAGO – Ora, vamos, você é um moralista por demais severo. Considerando-se que o momento, a localização e as condições deste país são o que são, de todo o meu coração eu preferia que isso não tivesse ocorrido; porém, já que aconteceu o que aconteceu, apare as arestas em proveito próprio.

CÁSSIO – Vou pedir-lhe meu posto de volta. Ele vai me responder que sou um bêbado! Tivesse eu tantas bocas quantas tem Hidra, uma tal resposta calaria todas elas. Imagina: ser numa hora um homem sensato, dali a pouco um tolo, para mais adiante ser um animal! É muito estranho! Cada copo em excesso é amaldiçoado, e um de seus ingredientes é o próprio diabo.

IAGO – Ora, vamos, o vinho é uma criatura boa e conhecida se for bem usado. Deixe de se exclamar contra ele! E, meu bom tenente, creio que você pensa que eu lhe tenho amizade.

CÁSSIO – Disso tive provas, senhor. Estando eu bêbado!

Iago – Você e qualquer outro homem que esteja vivo; pode acontecer de ficar bêbado alguma vez. Vou lhe dizer o que deve fazer. A esposa de nosso general é agora o general. Isso eu posso falar com respeito a essa questão, pois ele tem se dedicado e tem se entregado à contemplação, ao exame e à denominação das partes e graças de sua amada. Vá até ela e confesse-se de coração aberto; importune-a para ajudá-lo a conseguir seu posto de volta. Ela é de temperamento tão liberal, generoso, perspicaz e abençoado que considera um vício em sua bondade não fazer mais do que lhe é requisitado. Para essa articulação quebrada entre você e o marido dela, rogue-lhe por uma tala, e aposto todas as minhas coisas mais preciosas como essa fratura de sua afeição irá se consolidar, e ainda mais forte que antes.

Cássio – É um bom conselho, esse que me dás.

Iago – A isso eu protesto, com a sinceridade de um amigo e generosa honestidade.

Cássio – Meu pensamento deu-se livremente. Mas, logo ao amanhecer, estarei implorando à virtuosa Desdêmona que interceda por mim. Ficarei desesperado com meu destino se o destino me der as costas agora.

Iago – Você está certo. Boa noite, tenente. Preciso fazer a ronda.

Cássio – Boa noite, honesto Iago.

[*Sai.*]

Iago – E quem se atreverá a dizer que meu papel é o de vilão quando esse conselho dou de graça e de coração, um conselho bastante plausível, e, na verdade, o caminho para reconquistar o Mouro? Pois é muito fácil para a graciosa, obsequiosa Desdêmona empenhar-se em qualquer pedido honesto. Ela é de constituição que frutifica como os elementos da natureza. E assim, para ela obter algo do Mouro, mesmo que fosse ele renunciar ao próprio batismo, às garantias e símbolos de seus pecados redimidos, tem ele sua alma tão agrilhoada ao amor dela que ela pode fazer, desfazer, inventar o que lhe aprouver, mesmo brincando de deus os apetites dela com as enfraquecidas faculdades dele. Como, então, posso eu ser um vilão ao aconselhar Cássio nesse caminho paralelo, o mais curto para o seu próprio bem? Divindades do inferno! Quando o desejo dos demônios é vestir os mais negros pecados, eles insinuam-se primeiro com vestimentas angelicais, como eu faço agora. Enquanto esse honesto otário importuna Desdêmona com seus pedidos para que ela conserte seu destino, e, enquanto ela, por ele, implora clemência ao Mouro, eu estarei vertendo esta pestilência nos ouvidos de nosso general: que ela o quer de novo nas boas graças de seu superior para apaziguar a luxúria de seu corpo. E, quanto mais ela se esforçar por ajudá-lo, ela estará perdendo crédito junto ao esposo. Assim transformarei eu a virtude dela em piche, e, da própria bondade de Desdêmona, tecerei a malha que os enredará a todos.

Entra Rodrigo.

Ora, pois, Rodrigo!

Rodrigo – Sigo por aqui na perseguição, não como um sabujo que participa da caça, mas como mais um a ganir. Estou já praticamente sem dinheiro. Esta noite fui esbordoado com todos os requintes, e penso que o resultado será contentar-me com ter angariado tanta experiência com minhas dores e, assim, sem nenhum dinheiro mas um pouco mais sábio, retorno a Veneza.

IAGO – Como são pobres os que carecem de paciência! Que ferida alguma vez cicatrizou que não fosse por etapas? Você sabe que trabalhamos com a esperteza, e não com feitiçaria, e esperteza depende de um tempo dilatório. Não estão as coisas encaminhando-se bem? Cássio espancou-lhe, e você, por esse pequeno ferimento, teve Cássio demitido de sua função de confiança. Embora outras coisas vicejem, lindas, ao sol, os frutos dos brotos que primeiro floresceram serão os primeiros a amadurecer. Por ora, dê-se por satisfeito. Mas, pela Santa Missa, amanhece o dia! Prazer e ação fazem as horas parecer curtas. Retire-se; vá para o seu alojamento. Embora, estou lhe dizendo. Mais adiante, você saberá mais. Agora não, vá de uma vez.

[*Rodrigo sai.*]

Duas coisas a fazer: minha esposa deve interceder por Cássio junto à sua patroa ... encarrego-me eu de instigá-la a isso ... ao mesmo tempo em que chamo o Mouro à parte e faço-o entrar em cena justamente no instante em que ele pode encontrar Cássio solicitando os favores de sua mulher. Sim, esse é o caminho! Que o estratagema não esfrie, nem por demora nem por falta de ação.

[*Sai.*]

TERCEIRO ATO

CENA I

A cidadela. Do lado de fora do alojamento de Otelo.

Entram Cássio e alguns músicos.

Cássio – Senhores, toquem sua música aqui. Saberei retribuir o seu empenho. Algo que seja breve. E desejem um bom dia ao general.

[*Música.*]

Entra o Bobo.

Bobo – Ora, senhores, seus instrumentos por um acaso estiveram em Nápoles, para falarem assim pelo nariz?

1º Músico – O que diz, senhor? O que diz?

Bobo – Eu pergunto: são esses instrumentos de sopro?

1º Músico – Mas sim, são de sopro, realmente.

Bobo – Ah, mas então tem coisas no ar, mais do que sofro.

1º Músico – Que coisas, senhor, há no ar mais do que sopro?

Bobo – Tudo, senhor, de interessante e surpreendente, que nos sopram aos ouvidos. Mas, senhores, vejam, dinheiro para vocês; o general tanto aprecia sua música que, pela graça divina, encontra-se desejoso de não mais ouvi-los tocando esse ruído.

1º Músico – Muito bem, senhor, paramos de tocar.

Bobo – Se vocês têm alguma música que não se ouve, toquem-na. Mas, como dizem por aí, ouvir música não é um dos maiores interesses do general.

1º Músico – Não temos música desse tipo que não se ouve, senhor.

Bobo – Então podem guardar suas flautas em suas sacolas, pois estou me retirando. Agora vão; desapareçam no ar; embora!

[*Saem os músicos.*]

Cássio – Estás ouvindo, meu honesto amigo?

Bobo – Não, não estou ouvindo o seu honesto amigo; mas posso ouvir o senhor.

Cássio – Faze-me o favor, guarda para ti os teus gracejos. Pega esta pequena moeda de ouro. Se a dama que acompanha a esposa do general já estiver acordada, dize-lhe que há um senhor de nome Cássio querendo ter com ela uma palavrinha, se ela puder a ele fazer esse obséquio. Farás isso por mim?

Bobo – Ela está acordada, senhor. Se ela vier até aqui, tentarei dar-lhe o seu recado.

Cássio – Pois faze isso, meu bom amigo.

[*O Bobo sai.*]

Entra Iago.

Em boa hora, Iago.

Iago – Mas então você ainda nem deitou em sua cama?

Cássio – Ora, não! Amanheceu antes de nos separarmos. Atrevi-me, Iago, a mandar chamar tua mulher para uma palavrinha comigo. Pedirei a ela que procure algum meio de eu ter acesso à virtuosa Desdêmona.

Iago – Farei com que ela venha até aqui para ter consigo o mais rápido possível. E engendrarei alguma maneira de afastar o Mouro do caminho, para que sua conversa e seus assuntos possam ser mais livres.

Cássio – Humildemente eu te agradeço.

[*Sai Iago.*]

Jamais conheci florentino mais honesto e de tão grande coração.

Entra Emília.

Emília – Bom dia, meu bom tenente. Fiquei penalizada ao saber de sua desaventurança. Mas tudo há de dar certo. O general e sua esposa têm conversado sobre isso, e ela fala a seu favor, num discurso vigoroso. O Mouro argumenta que o homem que o senhor feriu é de grande renome em Chipre, com inúmeros laços de família e de amizade, e, por isso, dita-lhe o bom senso, de modo salutar, que não há outra saída que não rejeitá-lo. Ele, porém, afirma e reafirma que lhe tem afeição e diz não haver necessidade de outro requerente além da amizade que lhe devota para que, na ocasião mais propícia, agarre-se a oportunidade pelos cabelos para o senhor ser reintegrado em seu posto.

Cássio – Mesmo assim, eu lhe imploro, se a senhora julgar conveniente, ou mesmo exequível, dê-me o benefício de um breve discurso com Desdêmona, um particular.

Emília – Eu lhe peço, senhor, vamos entrando. Vou colocá-lo onde o senhor terá tempo para falar de coração aberto.

Cássio – Fico-lhe muito obrigado.

[*Saem os dois.*]

CENA II

Um quarto na cidadela.

Entram Otelo, Iago e Cavalheiros.

Otelo – Estas cartas, entrega-as, Iago, ao piloto e, por intermédio dele, presta meus respeitos ao Senado. Isso feito, estarei caminhando na fortificação; dirige-te a mim lá mesmo.

Iago – Perfeitamente, meu bom lorde. Cumprirei essas ordens.

[*Sai.*]

Otelo – Essa fortificação, cavalheiros, vamos examiná-la?

Cavalheiros – Estamos às suas ordens, senhor nosso general.

[*Saem.*]

CENA III

Diante da cidadela.

Entram Desdêmona, Cássio e Emília.

Desdêmona – Esteja sossegado, meu bom Cássio; usarei de todas as minhas habilidades em seu favor.

Emília – Faça-o, minha bondosa senhora. Garanto-lhe, esse caso entristece meu marido como se dele fosse o problema.

DESDÊMONA – Ah, esse é um homem honesto. Não tenha dúvidas, Cássio: terei meu esposo e você novamente amigos como o foram até aqui.

CÁSSIO – Generosa dama, seja qual for o destino de Miguel Cássio, ele para sempre será seu leal criado.

DESDÊMONA – Não tenho dúvidas, e lhe agradeço. Você verdadeiramente tem apreço ao meu marido; conhece-o de longa data. Pode ficar bem certo de que o distanciamento que ele lhe dedica não será mais que uma distância política.

CÁSSIO – Sim, mas, minha senhora, essa política de distanciar-se pode durar tempo demais, ou pode mal sobreviver com uma dieta aguada e magra, ou pode ainda reproduzir-se em suas próprias circunstâncias, de tal modo que, eu estando ausente e meu posto por outrem ocupado, meu general venha a esquecer-se de minha amizade e de meus serviços.

DESDÊMONA – Não duvides do seguinte: diante do testemunho de Emília aqui presente, dou-lhe a garantia de ter você o seu posto de volta. Tranquilize-se, pois, quando prometo amizade, mantenho minha palavra até o último suspiro. Meu esposo não terá descanso: farei com que fique mais dócil e falarei tanto que perderá a paciência. Seu leito será para ele escola, e sua mesa, confessionário. A tudo que ele fizer tratarei de mesclar naquilo o pedido de Cássio. Portanto, alegre-se, Cássio, pois sua advogada prefere morrer a desistir de uma causa.

Entram Otelo e Iago, longe dos outros.

EMÍLIA – Madame, vem chegando o meu patrão.

Cássio – Madame, agora vou me despedindo.

Desdêmona – Ora, mas fique, e ouça-me discursar.

Cássio – Não agora, madame. Não me sinto nada à vontade, e vejo-me inadequado para meus próprios propósitos.

Desdêmona – Bem, faça aquilo que pensa ser o melhor.

[*Cássio retira-se.*]

Iago – Arrá! Não gosto nada disso.

Otelo – O que estás dizendo?

Iago – Nada, meu senhor. Ou, se ... não sei o que estava dizendo.

Otelo – Não era Cássio, aquele que se despediu de minha esposa?

Iago – Cássio, meu senhor? Não, é certo que não, não posso nem imaginar uma coisa dessas, que ele iria embora esgueirando-se, com modos de culpado, ao vê-lo chegar.

Otelo – Acredito que era ele, sim.

Desdêmona – Ah, meu esposo! Estive conversando com um suplicante, um homem que sofre com teu desprezo.

Otelo – De quem estás falando?

Desdêmona – Ora, de teu tenente, Cássio. Meu bondoso marido, se há em mim alguma graça ou força capaz de demover-te, reconcilia-te com ele neste instante. Pois se ele não é pessoa que tem por ti uma sincera amizade, que errou por ignorância e não por maldade, então é porque não sei julgar um rosto honesto. Imploro-te, readmite-o em seu cargo.

OTELO – Foi ele quem saiu daqui agora?

DESDÊMONA – Sim, e aliviado. Tão humilhado estava que deixou comigo parte de seu pesar, para sofrer com ele. Meu amor, readmite-o em seu cargo.

OTELO – Agora não, minha doce Desdêmona. Em algum outro momento.

DESDÊMONA – Mas será logo?

OTELO – Tão logo quanto possível, querida, por ti.

DESDÊMONA – Hoje à noite, à hora da ceia?

OTELO – Não, esta noite não.

DESDÊMONA – Amanhã então, ao jantar?

OTELO – Não estarei em casa para o jantar. Estarei encontrando-me com os capitães na cidadela.

DESDÊMONA – Mas então amanhã à noite; ou na terça-feira pela manhã. Terça-feira no horário do meio-dia, ou à noite; na quarta-feira de manhã. Imploro-te, marca uma hora, mas não mais de três dias. Juro-te, ele está se penitenciando. E, no entanto, a transgressão por ele cometida, segundo nosso juízo comum ... à exceção de que, como dizem, as guerras devem punir seus melhores soldados para que isso sirva de exemplo aos outros ... nem chega a ser falta tão grande que mereça incorrer na rejeição de um amigo. Quando pode ele vir? Dize-me, Otelo. Pergunto, no imo de meu ser, o que me seria possível negar a ti se me pedisses, ou o que me faria hesitar a esse ponto. Ora! Miguel Cássio, o que te acompanhou em nosso enamoramento e, tantas e tantas vezes, quando de ti falei desfavoravelmente, saía de pronto em tua defesa ... esforçar-se tanto para estabelecê-lo em seu posto de oficial! Acredita-me, eu muito poderia fazer...

Otelo – Imploro-te, já basta. Deixa que ele venha quando quiser. A ti não te negarei nada.

Desdêmona – Ora, isso não é vantagem; é o mesmo que eu te pedir para usares tuas luvas, ou te alimentares de pratos nutritivos, ou te manteres aquecido, ou o mesmo que eu te pedir para fazeres algum bem à tua própria pessoa. Não; quando tenho um pedido a te fazer, com o qual tenciono tocar verdadeiramente o teu amor, este será um pedido muito equilibrado e de difícil sustentação... e a ti será penoso atendê-lo.

Otelo – A ti não te negarei nada. Em vista disso, suplico-te, garante-me um favor: deixa-me um pouquinho a sós.

Desdêmona – E posso eu recusar-te um favor? Não. Adeus, meu marido.

Otelo – Adeus, minha Desdêmona, vou já ter contigo.

Desdêmona – Emília, vamos. Que assim seja, meu amo e esposo, como te instruem tuas ideias. Não importa o que tu fores, eu te serei obediente.

[*Saem Desdêmona e Emília.*]

Otelo – Minha deliciosa coitadinha! Que a perdição tome conta de minha alma, mas eu te amo! E quando não mais te amar, o caos se estabelecerá uma vez mais.

Iago – Meu nobre senhor...

Otelo – O que dizes, Iago?

Iago – Miguel Cássio, quando o senhor cortejava esta que agora é sua esposa, ele sabia de seu amor por ela?

Otelo – Sabia, desde o primeiro instante. Por que perguntas?

Iago – Para a mera satisfação da curiosidade de meus pensamentos. Não é por mal.

Otelo – Por que essa curiosidade de teus pensamentos, Iago?

Iago – É que pensei que ele não a conhecesse de antes.

Otelo – Ah, sim, e serviu-nos de mensageiro seguidas vezes.

Iago – Não diga!

Otelo – Não digo? Digo, sim. Não discernes coisa alguma nisso? Não é ele honesto?

Iago – Honesto, meu general?

Otelo – Honesto! Sim, honesto.

Iago – Meu general, por tudo que sei.

Otelo – O que estás pensando?

Iago – Pensando, meu general?

Otelo – "Pensando, meu general"! Pombas, agora és meu eco, como se houvesse algum monstro em teu pensamento, hediondo demais para mostrar-se. Tencionas dizer algo. Escutei-te dizer agora mesmo, não gostaste do que viste, quando Cássio despediu-se de minha esposa. Pois não gostaste do quê? E quando te falei que ele foi meu conselheiro durante todo o tempo em que cortejei Desdêmona, gritaste "Não diga!" e enrugaste a testa e fechaste o cenho, como se tivesses encarcerado em teu cérebro algum terrível conceito. Se por mim tens afeição, revela-me teus pensamentos.

IAGO – Meu senhor, sabe que lhe tenho amizade profunda.

OTELO – Penso que sim. E, tanto quanto sei, és criatura plena de amor, e honesto, e sabes pesar as palavras antes de dar-lhes vida com teu sopro. Assim é que esse teu vacilar assusta-me ainda mais, pois tal coisa num velhaco falso e desleal é truque costumeiro; mas num homem justo é adiamento em segredo, um mecanismo do coração, coisa sobre a qual a paixão não tem domínio.

IAGO – Por Miguel Cássio, atrevo-me a jurar como penso que ele é homem honesto.

OTELO – Também penso assim.

IAGO – Um homem deve ser o que parece ser. Quanto àqueles que não são o que parecem ser... ah, se pelo menos não parecessem ser o que não são!

OTELO – Certo, um homem deve ser o que parece ser.

IAGO – Ora, então, penso que Cássio é um homem honesto.

OTELO – Não, não, estás me escondendo alguma coisa. Peço-te, fala comigo como se estivesses falando contigo mesmo, como se estivesses ruminando tuas ideias, e empresta, à pior de tuas ideias, a pior de tuas palavras.

Iago – Meu bom general, perdoe-me. Embora esteja eu obrigado a todos os atos de meu dever, não sou obrigado a fazer aquilo que não se exige de um escravo. Revelar meus pensamentos! Ora, e se porventura eles forem vis e falsos? ... Diga-me: qual é o palácio onde não se intrometem às vezes coisas fétidas? Quem tem o peito tão impoluto que jamais tenha deixado uma apreensão impura conduzir registros e julgamentos, que tenha presidido sessões no tribunal com meditações tão somente legítimas?

Otelo – Conspiras contra este teu amigo, Iago, se pensas que ele foi injuriado e faz de seus ouvidos um estranho aos teus pensamentos.

Iago – Suplico-lhe, senhor ... embora sem querer eu possa estar sendo maldoso em minha suposição, posto que, devo confessar, está na calamidade de minha natureza espiar abusos, e, não poucas vezes, a inveja em mim dá forma a faltas que não existem ... que a sua sabedoria, então, não dê ouvidos a quem fantasia tão imperfeitamente, nem construa o senhor mesmo um problema engendrado por quem observa de modo incerto e ao acaso. Não seria para a sua tranquilidade nem para o seu bem, muito menos para minha virilidade, honestidade ou sabedoria, torná-lo conhecedor de meus pensamentos.

Otelo – O que estás querendo dizer?

Iago – O bom nome de um homem e de uma mulher, meu prezado senhor, é a joia mais pessoal de suas almas. Quem rouba minha bolsa rouba um lixo ... é alguma coisa, um nada; foi meu, agora é dele, e já foi possessão de milhares de pessoas. Mas aquele que vem me lesar em meu bom nome estará subtraindo de mim aquilo que não faz dele pessoa rica mas que me torna verdadeiramente pobre.

Otelo – Serei conhecedor de teus pensamentos!

Iago – O senhor não pode, ainda que meu coração estivesse em suas mãos; nem conseguirá, pois ele ainda está sob minha custódia.

Otelo – Ah!

Iago – Acautele-se, meu senhor, contra o ciúme. É ele o monstro de olhos verdes que zomba da carne com que se alimenta. Vive feliz o corno que, certo de seu destino, não ama a quem o ofende. Mas, ah, que minutos desgraçados passa aquele que adora, porém duvida, suspeita, porém ama com intensidade!

Otelo – Oh, miséria!

Iago – O pobre e satisfeito é rico, e rico o bastante. Riquezas ilimitadas, no entanto, são um inverno gélido para quem teme empobrecer. Que os bons céus defendam do ciúme as almas de toda a minha tribo!

Otelo – Por que, por que isso agora? Pensas que eu levaria uma vida de ciúmes, seguindo mesmo as mudanças da lua com sempre novas suspeitas? Não; uma vez só ficasse eu em dúvida, e o assunto estaria de uma vez resolvido. Troca-me por um bode no dia em que eu direcionar os assuntos de minha alma para conjecturas tão tumultuosas e fúteis como as de tua inferência. Não é para me deixar enciumado que me dizem que minha esposa é linda, adora a companhia dos outros, é bem articulada, e ainda canta, toca e dança muito bem. Onde existe a virtude, essas qualidades são ainda mais virtuosas. Também não é de meus fracos méritos que vou derivar o mínimo medo ou a menor dúvida a partir das revoltas de minha mulher. Pois ela tinha olhos, e escolheu a mim. Não, Iago. Preciso ver antes de duvidar. Quando eu duvidar, precisarei de provas. E, uma vez fornecida a prova, não há nada além disto: o fim simultâneo do amor e do ciúme.

Iago – Fico contente; agora tenho razões para, de espírito mais aberto, demonstrar o amor e a lealdade que devoto ao senhor, meu general. Portanto, como lhe sou obrigado por dever, recebe estas palavras de minha parte. Falo sem ainda ter provas. Observe a sua esposa; observe-a minuciosamente quando ela está com Cássio. Dispa o seu olhar tanto de ciúmes como de segurança. Longe de mim querer que sua natureza nobre e liberal seja maltratada por sua própria generosidade. Examine o caso com atenção. Conheço bem a tendência de nosso país para isso; em Veneza elas deixam o paraíso ver as intimidades que não ousam mostrar aos maridos. O que de melhor lhes dita a consciência não é o abster-se de fazer, mas sim o manter em segredo.

Otelo – É isso o que tens a dizer?

Iago – Ela enganou o próprio pai, ao desposá-lo. E, quando parecia estremecer e assustar-se com sua aparência, general, por ela apaixonava-se cada vez mais.

Otelo – E apaixonou-se mesmo.

Iago – Ora, então! Sendo tão jovem ainda, ela pôde mostrar-se fingida a ponto de deixar o pai cego, seus olhos vendados de tal maneira que ele concluiu ter sido tudo feitiçaria. ... Mas eu disso sou em grande parte culpado. Humildemente imploro que me perdoe por ter-lhe tanto apreço e afeição.

Otelo – Sou-te para sempre agradecido.

Iago – Vejo que isso abateu-lhe um pouco o espírito.

Otelo – Nem um pouco, nem um pouco mesmo!

Iago – Para falar a verdade, temo que sim. Espero que o senhor considere o que foi dito como tendo-se originado de meu coração. Mas vejo que está comovido. Aqui estou eu, rogando-lhe que não filtre de meu discurso questões mais grosseiras, tampouco assuntos de maior alcance que uma mera suspeita.

Otelo – Isso eu não farei.

Iago – No caso de fazê-lo, senhor, meu discurso terá produzido sequelas tão vis que completamente fogem dos propósitos de meus pensamentos. Cássio é meu valoroso amigo... Meu general, vejo que está comovido.

Otelo – Não, não muito comovido. Não imagino que Desdêmona seja outra coisa que não honesta.

Iago – Vida longa a ela em sua virtude! E vida longa ao senhor nesse seu pensamento!

Otelo – E, no entanto, como a natureza desvia-se de si mesma!...

Iago – Sim, esse é o ponto: como! ... sendo eu atrevido por falar assim com o senhor ... para não desejar muitas propostas de casamento condizentes com seu próprio clima, cor de pele, e condição social, conforme vemos ser o caso, em todas as coisas, da tendência natural ... Que nada! Pode-se cheirar de longe, em tal atitude, uma vontade indecente, uma desproporção obscena, pensamentos contrários à natureza. Mas, perdoe-me: eu não falo categoricamente de sua esposa. Embora eu receie que sua vontade, uma vontade inversa a um bom discernimento, ainda venha a comparar o senhor com as formas da pátria dela e venha a arrepender-se.

Otelo – Adeus, adeus. Se mais tu perceberes, não deixa de me contar. Incentiva tua mulher a observá-la. Agora deixa-me, Iago.

Iago – [*saindo*] Meu senhor, retiro-me.

Otelo – Por que casei? Essa honesta criatura sem dúvida vê e sabe mais, muito mais, do que revela.

Iago – [*retornando*] Meu senhor, gostaria de pedir com veemência a Sua Senhoria que não mais persistisse nesse assunto. Tudo tem seu tempo. Embora seja conveniente Cássio manter seu posto ... pois, sem dúvida, grande capacidade ele tem para desempenhar sua função ..., poderia o senhor, se quisesse, mantê-lo afastado por algum tempo, para com isso observá-lo, a ele e a suas maneiras. Poderia o senhor notar se sua esposa insiste na reintegração dele de modo inoportuno, com firmeza ou veemência ... muito pode-se ver por aí. Nesse meio tempo, deixe que eu pareça intrometido por demais em meus temores ... como, com justa causa, receio estar sendo ... e deixe sua esposa totalmente livre, é o que suplico à Sua Senhoria.

Otelo – Não receeies minha ingerência.

Iago – Uma vez mais, despeço-me.

[*Sai.*]

Otelo – Esse homem é de uma honestidade excessiva, e conhece, com um espírito instruído, todas as qualidades da conduta humana. Se provas eu tiver de que ela é pássaro selvagem, embora fossem as barras de sua gaiola as cordas de meu coração, eu a soltaria em pleno ar, deixaria que planasse a favor do vento, para pegar sua presa, o destino. Talvez porque sou negro, e não tenho em mim aquelas partes suaves do diálogo que têm os galanteadores, ou talvez porque já me encontro no outono da maturidade ... contudo, ainda longe do inverno da velhice ..., ela se foi. Fui ofendido, e meu consolo deve ser odiá-la. Ah, a praga do casamento, podermos chamar essas delicadas criaturinhas de nossas, mas não serem nossos os seus apetites! Mil vezes ser eu um sapo, vivendo dos vapores de uma masmorra, do que manter um cantinho reservado no objeto de meu amor para o uso de outros. E, no entanto, esta é a praga dos grandes: menos prerrogativas têm eles do que os indignos. Esse é um destino inescapável, como a morte. Essa praga de chifrudos é a sorte que nos cabe desde quando nos dão à luz. Olhem que ela chega!

[*Entram de volta Desdêmona e Emília.*]

Se ela é falsa, ah, então é porque o paraíso zomba de si mesmo! Não posso acreditar.

Desdêmona – Ora, meu querido Otelo! Teu jantar e os generosos cidadãos desta ilha, por ti convidados, aguardam tua presença.

Otelo – Censuro-me por isso.

Desdêmona – Por que estás falando com voz tão débil? Não passas bem?

Otelo – Dói-me a cabeça, aqui na testa.

Desdêmona – Na verdade, isso tem a ver com a vigília que fazes. Vai passar. Deixa-me apertar-te com força a testa, e em menos de uma hora estarás bem.

Otelo – Teu lenço é muito pequeno.

[*Ele afasta de si o lenço, e ela o deixa cair.*]

Deixa estar. Vamos entrando; eu te acompanho.

Desdêmona – Eu sinto muitíssimo que não estejas bem.

[*Otelo e Desdêmona retiram-se.*]

Emília – Fico feliz por ter encontrado este lenço. Esta é a primeira lembrança que ela ganhou do Mouro. Meu volúvel marido ... e mais: teimoso ... por uma centena de vezes quis comprar-me com galanteios para que eu surrupiasse este lenço. Mas ela gosta tanto deste mimo ... pois dela ele pediu que o conservasse para sempre ... que ela o guarda sempre consigo, para beijá-lo, para com ele conversar. Encomendarei dele uma cópia exata, e com essa presentearei Iago. O que ele pretende fazer com o lenço, apenas os céus sabem; eu não. Quanto a mim, não pretendo nada além de satisfazer as fantasias de meu esposo.

[*Entra de volta Iago.*]

Iago – Ora, vejam! O que fazes aqui, sozinha?

Emília – Não me venhas com reprovações! Tenho uma coisa para te dar.

Iago – Uma coisa para me dar? É uma coisa bastante comum...

EMÍLIA – Ah!

IAGO – ... ter uma esposa tola.

EMÍLIA – Hmm. E isso é tudo? Que coisa tens tu para me dar agora, em troca deste lenço aqui?

IAGO – Que lenço?

EMÍLIA – Que lenço! Ora, o que foi o primeiro presente do Mouro para Desdêmona; o que tantas vezes a mim pediste para roubar.

IAGO – Tu o roubaste dela?

EMÍLIA – Não, na verdade não. Ela o deixou cair por descuido, e, tomando disso vantagem, estando eu aqui, peguei-o do chão. Vê: ei-lo aqui.

IAGO – És uma boa mundana! Dá-me o lenço.

EMÍLIA – O que vais fazer com ele, já que me pedias com tanto fervor para furtá-lo?

IAGO – [*arrancando o lenço da mão de Emília*] Ora, o que te importa o que eu faça ou deixe de fazer?

EMÍLIA – Se não for para algum fim de significativa importância, devolve-o para mim. Pobre senhora, vai enlouquecer quando dele der falta.

IAGO – Finge que nada sabes. Tenho uso para este lenço. Vai, deixa-me só.

[*Emília sai.*]

No alojamento de Cássio perderei este lenço, e depois espero ele encontrá-lo. Detalhes insignificantes, tênues como o ar, apresentam-se aos enciumados sob a forma de confirmações, tão poderosas como as Sagradas Escrituras. Isto pode ter consequências. O

Mouro já se deixou alterar por meu veneno. Conceitos perigosos são, por natureza, venenos que no começo raramente desagradam ao paladar. No entanto, basta um mínimo de ação sobre o sangue, e queimam como as minas de enxofre.

Entra de volta Otelo.

Eu não disse? Vejam, aí vem ele! Nem papoula, nem mandrágora, nem mesmo todos os xaropes soporíferos do mundo terão o poder de medicar-te na busca daquele doce sono de que desfrutavas ontem.

Otelo – Ah! Ah! Falsa comigo?

Iago – Ora, vamos, meu general! Chega desse assunto!

Otelo – *Vade retro*! Xô! Embora! Fizeste foi colocar-me em um tormento só. Juro como é melhor saber-se muito ofendido do que saber muito pouco.

Iago – O que o senhor está dizendo, meu general?

Otelo – Que noção tinha eu de suas horas roubadas de luxúria? Eu não enxergava, não pensava sobre isso, e isso não me doía. Eu dormia bem a cada noite, alimentava-me bem, era feliz. Eu não encontrava nos lábios dela os beijos de Cássio. Digo isto de quem foi roubado e não deu por falta da coisa subtraída: deixe-o ignorante do roubo, e ele nem terá sido roubado.

Iago – Deixa-me desolado ouvir isso.

Otelo – Eu teria sido feliz, mesmo que todo o acampamento do general, os soldados rasos inclusive, tivessem provado de seu doce corpo, desde que eu de nada soubesse. Agora, oh, para sempre, adeus à minha mente tranquila! Adeus, contentamento! Adeus às tropas de penacho e às grandes batalhas que fazem da ambição uma virtude ... Oh, adeus! Adeus ao corcel relinchante e à trombeta estridente, ao tambor que nos excita à luta, ao pífano que nos abala o tímpano, adeus ao estandarte real, e a todos os atributos, orgulho, pompa e circunstância das gloriosas guerras! E, ah, também a vocês, instrumentos engenhosos, mortais, cujas rudes gargantas falsificam os terríveis clamores do imortal Jove, adeus! A função de Otelo perdeu o sentido.

IAGO – Será isso possível, meu senhor?

OTELO – Infame vilão, certifica-te de provar que minha amada é uma rameira. Certifica-te disso. Fornece-me a prova ocular.

[*Agarra-o pelo pescoço.*]

Caso contrário, pelo que vale minha alma imortal, vais preferir ter nascido cachorro a ter de responder à minha ira avivada!

IAGO – A coisa chegou a esse ponto?

OTELO – Faze com que eu veja; ou, pelo menos, prova o que insinuas, de modo que a evidência não traga em si nem presilha nem gancho por onde se possa pendurar uma única dúvida. Do contrário, que a desgraça caia sobre tua vida!

IAGO – Meu nobre senhor...

OTELO – Se estás difamando-a e torturando-me, nem precisas mais fazer tuas orações; abandona todo e qualquer remorso. Sobre o topo do horror, só se derramam mais horrores. Comete atos para fazer chorarem os céus, perplexa ficar a terra toda, pois nada podes acrescentar a uma maldição maior que essa.

Iago – Oh, Sua Graça! Oh, céus, perdoem-me. É o senhor um homem? Tem uma alma? É o senhor razoável? Que Deus o guarde; destitua-me de meu posto. Ah, seu tolo, infeliz, tu que vives para fazer de tua honestidade um vício! Ah, mundo monstruoso! Anote bem, oh, mundo, anote bem: ser franco e honesto não é seguro. Agradeço-lhe a lição, meu general, e, de hoje em diante, não mais devotarei amor a um amigo, posto que o amor gera tal ofensa.

Otelo – Não te vás, fica. Deves ser honesto.

Iago – Eu deveria ser esperto, pois a honestidade é boba, e perde aquilo por que se esforça em obter ou conservar.

Otelo – Por este mundo que nos abriga, ora penso que minha esposa é honesta, ora penso que não. Ora penso que tu és justo, ora penso que não. Preciso de provas. O nome dela, antes puro como a face de Diana, vejo-o agora enegrecido, escuro como meu próprio rosto. Se houver por perto cordas ou facas, veneno ou fogo, ou águas profundas, não resistirei. Quisera eu ter satisfeita a minha curiosidade!

Iago – Vejo, meu general, que o senhor está se deixando consumir por essa paixão. Arrependo-me por tê-lo colocado em tal estado. Quer ter satisfeita a sua curiosidade?

Otelo – Não só quero; preciso.

Iago – E pode. Mas, a que ponto? A que ponto quer o senhor ter satisfeita a sua curiosidade, meu general?

Ficaria o senhor observando, supervisionando, grosseiramente boquiaberto ... enquanto o outro a cobre?

Otelo – Morte e danação! Ah!

Iago – Seria uma dificuldade cansativa, imagino eu, fazê-los apresentarem-se desse modo. Que se danem os dois, então, se porventura um dia os olhos de um mortal enxergá-los, mais que os olhos deles mesmos, nos mesmos lençóis deitados. Que fazer, então? Como fazer? Que posso dizer-lhe? Em que ponto estará a satisfação de sua curiosidade? Seria impossível para o senhor ver tal coisa, caso os dois viessem a se encostar, primitivos como bode e cabra, incendiados de luxúria como macacos, salgados como lobos no cio, e loucos, tão grosseiros quanto dois ignorantes bêbados. Ainda assim, afirmo que, se uma imputação acompanhada de fortes circunstâncias, o que leva diretamente aos portões da verdade, for capaz de satisfazê-lo, o senhor pode tê-la.

Otelo – Fornece-me uma razão concreta da deslealdade de minha esposa.

Iago – Não me agrada o ofício, mas, uma vez que nessa causa enterrei-me até o pescoço, em buraco cavado por honestidade e devoção tolas, vou em frente. Tenho dormido com Cássio nos últimos tempos e, incomodando-me uma dor de dente, não conseguia dormir. Há um tipo de homem, de alma tão indiscreta, que em seu sono resmunga sobre seus casos. Cássio é desse tipo. Dormindo ele, escutei-o falar "Doce Desdêmona, vamos nos acautelar, vamos esconder nosso amor". E, então, senhor, ele tomou de minha mão, apertou-a, gritou "Oh, doce criatura!"

e beijou-me com força, como se os beijos colhesse pelas raízes, raízes estas que ele encontrava em meus lábios. Depois ele pousou sua perna sobre minha coxa e suspirou e beijou e gritou "Amaldiçoado o destino, que te entregou ao Mouro!"

OTELO – Que monstruosidade! Que monstruosidade!

IAGO – Não, isso foi apenas um sonho dele.

OTELO – Mas denuncia uma conclusão inarredável: é uma dúvida ominosa, embora seja nada mais que um sonho.

IAGO – Pode ser de auxílio para tornar mais consistentes outras provas que se mostrem ralas.

OTELO – Vou cortá-la em pedacinhos.

IAGO – Não; seja mais esperto. Ainda não vimos nada. Ela ainda pode ser honesta. Diga-me apenas uma coisa: o senhor não viu, às vezes, nas mãos de sua esposa, um lenço com um bordado de moranguinhos?

OTELO – Presenteei-a eu mesmo com um lenço assim; foi o primeiro mimo que lhe dei.

IAGO – Disso eu não estava a par. Todavia, um lenço assim ... tenho certeza de que era de sua esposa ... vi Cássio usando hoje para enxugar a barba.

OTELO – Se for o mesmo lenço...

IAGO – Se for o mesmo lenço, ou qualquer outro que tenha sido dela, isso depõe contra ela, juntamente com as outras provas.

OTELO – Ah, se tivesse essa escrava quarenta mil vidas! Uma só é muito pouco, frágil demais para minha vingança! Agora vejo que é verdade. Olha: aqui, Iago, todo o meu amor apaixonado, assim eu o sopro aos céus ... e já se foi. Levanta-te, vingança negra, de tua cela oca. Abre caminho, oh, amor, cede tua coroa e o trono que tens no coração a um ódio tirano! Incha, peito meu, com tua carga, pois ela pesa com línguas de áspides.

Iago – Apazigue-se.

Otelo – Ah, sangue, sangue, sangue!

Iago – Paciência, eu lhe peço. O senhor ainda pode mudar de ideia.

Otelo – Jamais, Iago. Assim como acontece com o Mar Pôntico, cuja corrente gelada e curso compulsivo nunca sente a maré vazante e continua correndo para o Propôntico e o Helesponto, assim são meus pensamentos sanguinários: seguem um ritmo violento, jamais voltam atrás, e nunca terão um refluxo na direção de um amor submisso, até que uma alta vingança avance, com capacidade para engoli-los. Agora, por esse distante céu de mármore, e com a reverência devida a um juramento sagrado, [*ajoelha-se*] aqui empenho a minha palavra.

Iago – Não se levante ainda.

[*Ajoelha-se.*]

Testemunhem vocês, centelhas perenes ao alto, vocês, elementos que nos circundam e envolvem-nos, testemunhem que Iago aqui renuncia ao uso de sua inteligência, de suas mãos, de seu coração, a serviço do ultrajado Otelo! Que ele comande, e obedecê-lo irei sem remorsos, mesmo ordenando ele o derramamento de sangue.

[*Levantam-se os dois.*]

Otelo – Saúdo a tua dedicação, não com agradecimentos vãos, mas com uma aceitação calorosa, e neste mesmo instante coloco-te a seguinte incumbência: tens três dias para vires me relatar que Cássio não mais respira.

Iago – Morto está o meu amigo. Isso já está feito, a seu pedido, general. Porém, deixe-a viver.

Otelo – Maldita seja ela, mulherzinha descarada, indecente e lasciva. Oh, maldita seja ela, maldita seja ela! Vamos, acompanha-me, separemo-nos dos outros. Vou retirar-me, para suprir minha imaginação com alguns meios rápidos de morte para aquele lindo demônio. Agora és tu meu tenente.

Iago – Sou seu, e o senhor pode para sempre dispor de meus serviços.

[*Retiram-se.*]

CENA IV

Mesmo cenário.

Entram Desdêmona, Emília e o Bobo.

Desdêmona – O senhor saberia dizer-me em que quarto descansa o Tenente Cássio?

Bobo – Não me atreveria a dizer que ele descansa.

Desdêmona – Por que não, homem?

Bobo – Porque ele é um soldado, e dizer que um soldado descansa é o mesmo que apunhalá-lo pelas costas.

Desdêmona – Ora, deixe-se disso. Mas, que seja: onde é o alojamento do Tenente Cássio?

Bobo – Contar-lhe onde é o alojamento dele é o mesmo que contar-lhe onde eu descanso.

Desdêmona – Pode-se entender alguma coisa disso?

Bobo – Não sei onde é o alojamento dele. Para mim, apontar um alojamento e arriscar dizer que ele descansa aqui ou ali seria arriscar a veracidade de minhas próprias palavras.

Desdêmona – Poderia o senhor perguntar por ele, informar-se, indagar, instruir-se?

Bobo – Vou catequizar o mundo por ele; em outras palavras, farei perguntas e de acordo com elas responderei.

Desdêmona – Procure-o; peça a ele que venha até aqui. Diga-lhe que consegui comover meu amo e esposo para que reconsiderasse o seu caso, e espero que tudo termine bem.

Bobo – Fazer isso está dentro do alcance das capacidades mentais de um homem, e, portanto, aceito tentar a empreitada.

[*Retira-se.*]

Desdêmona – Onde posso ter perdido aquele lenço, Emília?

Emília – Não faço ideia, madame.

Desdêmona – Acredita-me, antes ter perdido minha bolsa, abarrotada de cruzados. Não fosse o meu nobre Mouro leal e confiante, fosse ele construído de vilezas como as de que são feitas as criaturas ciumentas, e isso seria suficiente para fazê-lo nutrir maus pensamentos.

Emília – Ele não é ciumento?

Desdêmona – Quem, ele? Creio que a estrela sob a qual ele nasceu drenou-lhe do organismo os humores desse tipo.

Emília – Olhe que é ele chegando.

Desdêmona – Agora não sairei de seu lado, até que Cássio seja convocado à sua presença.

Entra Otelo.

Como tens passado, meu amo e esposo?

Otelo – Bem, minha gentil senhora.

[*Falando à parte.*]

Ah, como é difícil dissimular!
E tu, Desdêmona, como tens passado?

Desdêmona – Bem, meu gentil marido.

Otelo – Dá-me tua mão. Tua mão está úmida, minha senhora.

Desdêmona – Ela ainda não se ressente da idade, nem tampouco de tristezas.

Otelo – Isso denuncia frutífera amorosidade e um coração liberal. Quente, quente e úmida. Esta tua mão requer um sequestro de tua liberdade; requer jejum e orações, muita penitência, práticas piedosas, pois há aqui um demônio jovem que sua e transpira, o tempo todo um rebelde. Esta é uma boa mão, de dedos francos.

Desdêmona – Podes, realmente, dizer tal coisa, pois foi com essa mão que entreguei meu coração.

Otelo – Liberal, esta tua mão. Os corações dos antigos faziam-nos darem as mãos. Nossa nova heráldica, contudo, tem só palmas, e nenhum coração.

Desdêmona – Sobre isso eu não saberia opinar. Mas, agora, dize-me: e tua promessa?

Otelo – Que promessa, amorzinho?

Desdêmona – Mandei pedirem a Cássio que viesse falar contigo.

Otelo – Peguei um resfriado que me incomoda e faz o nariz correr. Empresta-me teu lenço.

Desdêmona – Aqui está, meu senhor.

Otelo – O que foi presente meu.

Desdêmona – Não o tenho aqui comigo.

Otelo – Não?

Desdêmona – De verdade, não, meu senhor.

Otelo – Que pena. Aquele lenço foi presente de uma mulher egípcia à minha mãe. A mulher era uma feiticeira: praticamente lia os pensamentos das pessoas. Disse ela à minha mãe que, enquanto conservasse o lenço, ela seria pessoa afável e teria meu pai inteiramente submisso ao seu amor. Mas, se ela o perdesse ou com ele presenteasse outra pessoa, o olhar de meu pai a contemplaria com ódio, e o coração dele se poria à caça de novas fantasias. Ao morrer, ela me deu o lenço e pediu-me para, quando meu destino a mim trouxesse minha esposa, presenteá-la com ele. Assim procedi. E toma tu nota do seguinte: guarda-o como a um bem precioso, cuida dele como cuidas de teus próprios olhos. Perdê-lo, ou com ele presentear outra pessoa, representaria para ti danação tal que nada se lhe pode comparar.

Desdêmona – É possível?

Otelo – É verdade. Na trama do tecido existe mágica. Uma pitonisa, que neste mundo já havia testemunhado o sol percorrer duzentas revoluções, enquanto dominada por uma fúria profética, teceu aquele lenço. Os bichos-da-seda que produziram aqueles fios eram larvas abençoadas. E tingiu-se o tecido em elixir destilado dos corações de cadáveres de meninas virgens e conservado por mãos habilidosas e experientes.

Desdêmona – Deveras! E isso é verdade?

Otelo – Verdade das mais verdadeiras. Por isso te peço: cuida bem dele.

Desdêmona – Pois preferia, por Deus, jamais tê-lo visto!

Otelo – Ah! E por que razão?

Desdêmona – Por que falas de modo tão abrupto e impetuoso?

Otelo – Perdeste o lenço? Está ele perdido? Fala, não está ele contigo?

Desdêmona – Que os céus tenham piedade de nós!

Otelo – O que dizes?

Desdêmona – Não está perdido. Mas, e se estivesse?

Otelo – O que estás dizendo?

Desdêmona – Eu digo que o lenço não está perdido.

Otelo – Busca-o; quero vê-lo.

Desdêmona – Ora, buscá-lo eu posso, senhor, mas não o farei agora. O que estás fazendo não passa de uma estratégia tua para afastar-me de meu pedido junto a ti. Imploro-te, recebe Cássio para uma conversa.

Otelo – Busca-me o lenço. Meu espírito está apreensivo.

Desdêmona – Ora, vamos. Nunca encontrarás homem mais capacitado.

Otelo – O lenço!

Desdêmona – Suplico-te, falemos de Cássio.

Otelo – O lenço!

Desdêmona – Um homem que durante toda a sua vida fundamentou sua boa sorte na amizade que lhe tens, um homem que contigo compartilhou tantos perigos...

Otelo – O lenço!

Desdêmona – Sossega-te. Devias envergonhar-te.

Otelo – Vai-te embora daqui!

[*Sai Otelo.*]

Emília – E a senhora me diz que esse homem não é ciumento?

Desdêmona – Jamais presenciei nada igual. É certo que há alguma coisa de estranho e assombroso nesse lenço. Fico desolada por havê-lo perdido.

Emília – Não é em um ano, nem em dois, que se conhece um homem. Tudo que eles são é estômago, e nós não passamos de comida. Eles nos comem com sofreguidão e, quando se sentem empanturrados, eles nos arrotam. Veja, senhora, Cássio e meu marido.

Entram Cássio e Iago.

Iago – Não tem outro jeito; é ela quem tem de fazer isso. E, olhe, que feliz coincidência! Vá até ela e importune-a.

Desdêmona – Mas então, meu bom Cássio! Que novidades o senhor me traz?

Cássio – Madame, ainda meu pedido anterior: suplico-lhe que, por seus meios de virtude, eu venha a existir de novo, venha a ser um membro merecedor do amor de seu esposo, a quem eu, com todo o empenho de meu coração, reverencio. Não gostaria de ter essa questão adiada. Se meu delito foi de espécie tão mortal que nem meu passado de serviços nem meu presente de arrependimentos nem um futuro projetado de méritos podem resgatar-me, devolvendo-me ao coração dele, o saber isso deve agir em meu benefício. Consequentemente, estarei revestindo-me de um contentamento forçado e confinando-me em alguma outra trajetória que me seja traçada pelas esmolas do destino.

Desdêmona – Três vezes gentil Cássio, ai de mim! Minha defesa de sua causa encontra-se, por ora, fora de sintonia. Meu amo e esposo não é meu amo e esposo, nem eu o reconheceria estivesse ele tão mudado em sua fisionomia quanto alterou-se o seu humor. Que me ajudem todos os espíritos santificados, pois falei tudo o que pude a seu favor e vi-me dentro do círculo de fogo de seu descontentamento por falar tão livremente! O senhor deve por enquanto ser paciente. Aquilo que eu puder fazer, estarei fazendo; e faço mais do que se estivesse defendendo causa própria. Que estas minhas palavras lhe sejam suficientes.

Cássio – Está zangado, o meu general?

Emília – Ele saiu daqui ainda agorinha, sem dúvida alguma num estado de estranha inquietação.

Iago – Poderia estar zangado esse homem? Já vi o canhão explodir e jogar pelos ares os soldados rasos de nosso general e, como um demônio, fazer arfar em seus braços o próprio irmão. E agora ele está zangado? Algo de muito grave, então. Vou procurá-lo. De fato, se ele está zangado, não há de ser por motivo insignificante.

Desdêmona – Imploro-lhe, faz isso.

[*Retira-se Iago.*]

Algum assunto, sem dúvida, de Estado. Algo vindo de Veneza, ou uma prática engendrada e ainda não divulgada, para ele demonstrável aqui em Chipre, que veio enlamear seu espírito cristalino. Em tais casos, a natureza dos homens entra em luta com coisas inferiores, muito embora as coisas nobres sejam o seu objetivo. É sempre assim: basta um dedo a nos incomodar, e ele encarrega-se de acometer os outros membros saudáveis de uma sensação de dor. Não, devemos lembrar que homens não são deuses, e não se deve deles esperar sempre comportamento de noivos apaixonados. Sinto-me deveras amaldiçoada, Emília, por haver censurado do fundo de minha alma, guerreira mesquinha que sou, a descortesia de Otelo. Agora, porém, entendo que subornei a testemunha, e ele foi indiciado sob falso pretexto.

Emília – Reze aos céus para que sejam assuntos de Estado, como a senhora pensa, e não pura fantasia, não um ciúme inventado que lhe diga respeito.

Desdêmona – Nesse dia, ai de mim, que nunca lhe dei motivos para ciúme!

Emília – Mas almas ciumentas não funcionam assim. Elas nunca são ciumentas porque há uma causa, mas sim porque são ciumentas. Este é um monstro gerado em si mesmo e de si mesmo nascido.

Desdêmona – Que os céus mantenham esse monstro longe dos pensamentos de Otelo!

Emília – Minha senhora, amém.

Desdêmona – Vou procurá-lo. Cássio, o senhor não se afaste muito daqui. Se eu encontrar meu marido disposto, falarei em defesa de sua causa, esforçando-me o máximo possível para obter o resultado desejado.

Cássio – Humildemente agradeço a Sua Senhoria.

[*Desdêmona e Emília retiram-se.*]

Entra Bianca.

Bianca – Salve, meu amigo Cássio!

Cássio – O que tira você de sua casa? Como tem passado, minha linda Bianca? Na verdade, doce amor meu, eu estava mesmo dirigindo-me à sua casa.

Bianca – E eu estava dirigindo-me ao seu alojamento, Cássio. Como me explica você uma semana longe de mim? Sete dias e sete noites? Oito vezes valem oito horas? E as horas ausentes dos amantes, mais aborrecidas que no ponteiro do relógio oito vezes? Ah, quantos cálculos cansativos!

Cássio – Perdoe-me, Bianca. Estive pressionado nesse meio tempo por pensamentos carregados. Mas, em época de menos interrupções, tratarei de abater esse número de ausências. Doce Bianca, [*entregando-lhe o lenço de Desdêmona*] mande fazer uma réplica deste lenço.

Bianca – Ah, Cássio, de onde vem este lenço? Já sei! É lembrança de uma nova amiga sua. Agora entendo os motivos da ausência que eu não conseguia entender, embora a sentisse. Então terminamos assim? Pois muito bem.

Cássio – Deixe-se disso, mulher! Jogue suas conjecturas na goela de Satanás, que é de onde você as tirou. O ciúme você agora sente, ao imaginar que esse lenço seja, de alguma amante, um presente. Não, dou-lhe minha palavra que não, Bianca.

Bianca – Ora, mas então de quem é?

Cássio – Nem eu sei. Encontrei-o em meus aposentos. Gosto do bordado. Antes que me seja requisitado de volta ... como provavelmente será ... gostaria de ter dele uma cópia. Leve-o consigo e encomende uma réplica. E, agora, deixe-me só.

Bianca – Deixá-lo! E pode-se saber por quê?

Cássio – Aguardo ordens do general. E penso que não será nenhuma distinção, nem é meu desejo, que ele me veja acompanhado de uma mulher.

Bianca – Por que, é o que lhe pergunto então.

Cássio – Não é porque não lhe tenha amor.

Bianca – Mas também não é porque me tem amor. Peço-lhe, caminhe um pouco comigo, e diga-me se o verei logo mais à noite.

Cássio – Não posso caminhar com você mais que um pouquinho, pois fiquei de esperar aqui pelo general. Mas eu a verei logo mais, assim que possa.

Bianca – Está muito bem. Devo curvar-me às circunstâncias.

[*Retiram-se os dois.*]

QUARTO ATO

CENA I

O mesmo cenário.

Entram Otelo e Iago.

Iago – O senhor pensaria assim?

Otelo – Pensaria assim, Iago!!?

Iago – Mas o quê? Trocar um beijo na privacidade?

Otelo – Um beijo ilegítimo.

Iago – Ou ficar nua com um amigo na cama por uma hora ou mais, sem intenções maldosas?

Otelo – Nua na cama, Iago, sem intenções maldosas? Isso seria uma hipocrisia diante do próprio diabo. Os que têm intenções virtuosas e executam-nas têm suas virtudes tentadas pelo diabo e eles próprios são tentação para os céus.

Iago – Então, se eles nada fazem, a coisa não passa de pecado venial. Mas, se dou à minha mulher um lenço...

Otelo – O que acontece então?

Iago – Ora, o lenço passa a ser dela, meu general; e, sendo dela, ela pode, penso eu, com ele presentear qualquer homem.

Otelo – Ela também é guardiã da própria honra. Pode com ela presentear qualquer homem?

Iago – A honra de uma mulher é sua essência, invisível aos olhos. Muitas vezes as que a têm são justamente as que não a portam. Mas, quanto ao lenço...

Otelo – Pelo amor de Deus, eu ficaria feliz em esquecê-lo. Tu mesmo disseste ... ah, isto me volta à memória como volta o corvo à casa infectada, prenunciando mau agouro ... que estava com ele o meu lenço.

Iago – Sim, e o que se conclui disso?

Otelo – Isso não me parece nada bom agora.

Iago – E se eu lhe tivesse dito que testemunhara Cássio cometendo uma injustiça consigo? Ou que o ouvira falar ... como os patifes sabem fazer no estrangeiro, após terem, ou por seus próprios e importunos galanteios, ou por voluntária e tola afeição de alguma dama, conquistado a dita ou atendido aos anseios dela, eles não têm outra escolha que não jactar-se...

Otelo – Disse ele alguma coisa?

Iago – Disse, meu general. Mas, pode o senhor estar seguro, nada foi dito que ele não possa negar.

Otelo – Que coisas disse ele?

Iago – Na verdade, que ele havia... não sei o que ele fez.

Otelo – O que ele fez? O que ele fez?

Iago – Deitou-se...

Otelo – Com ela?

Iago – Com ela, sobre ela, como o senhor quiser.

Otelo – Deitou-se com ela! Deitou-se sobre ela! ...

Diz-se por aí que um homem deita-se sobre uma mulher quando a está caluniando ... Deitou-se com ela! Pelas feridas de Cristo, isso é uma imundície! O lenço ... confissões ... o lenço! Confessar, e ser enforcado por seu trabalho! Primeiro, ser enforcado; depois ele confessa. Estremeço só de pensar. A natureza não teria investido em paixão tão obscura sem nos deixar algo sugerido, simbólico. Não são palavras que me fazem tremer deste jeito. De modo algum! Narizes, orelhas, lábios. Será possível? ... Confessar? ... O lenço? ... Oh, diabo!

[*Cai em estado de estupor.*]

Iago – Continua agindo, minha medicação, continua agindo! Assim mesmo é que os tolos crédulos são apanhados. E é desse modo que muitas damas valorosas e castas, todas elas sem culpa, são repreendidas. Ora, alô! Meu senhor! Meu senhor, repito! Otelo!

Entra Cássio.

Mas então, Cássio!

Cássio – Qual é o problema?

Iago – Meu senhor está acometido de um ataque de epilepsia. Esse já é seu segundo surto; teve o primeiro ontem.

Cássio – É preciso massagear-lhe as têmporas.

Iago – Não; abstenha-se de agir. A letargia deve seguir seu curso; caso contrário, ele começa a espumar pela boca e, logo, logo, põe-se louco como um selvagem. Olhe, ele está se mexendo. Afaste-se um pouco. Ele se recupera em seguida. Depois de ele retirar-se, quero falar com você, em virtude de uma importante razão.

[*Cássio retira-se.*]

Como está indo, general? Não bateu com a cabeça?

Otelo – Estás de mim debochando?

Iago – Eu, debochar do senhor? Não, pelos céus, jamais. O senhor sabe aguentar o peso de seu destino como um homem!

Otelo – Um homem com chifres é um monstro, um animal!

Iago – Uma cidade populosa então está repleta de animais, e muitos são os monstros civilizados.

Otelo – Ele confessou?

Iago – Meu bom senhor, seja homem. Pense que cada homem de barba em que puseram a canga pode fazer parelha com o senhor. Agora são vivos milhões deles, que toda noite deitam-se em camas indignas que eles juram ser particulares, suas. O seu caso é menos ruim. Oh, é o rancor do inferno, a máxima falsificação de Lúcifer: beijar uma mulher devassa sob lençóis insuspeitos e supô-la casta! Não, deixe-me verificar. E, sabendo eu quem sou, saberei o que está por vir.

Otelo – Ah, és um homem sensato. Isso é o que está certo.

Iago – Posicione-se, por enquanto, à parte. Restrinja-se a ouvir apenas, com paciência. Enquanto o senhor encontrava-se dominado por sua dor ... uma paixão das mais inapropriadas em um homem como o senhor ... Cássio esteve aqui. Dei um jeito de mandá-lo embora e inventei uma boa desculpa para o seu desmaio. Pedi-lhe que dali a pouco retornasse para falar comigo, o que ele prometeu fazer. O senhor só tem de se esconder e prestar atenção aos risinhos de escárnio, à zombaria, aos traços de infinito desdém que habitam cada pedacinho de seu rosto. Farei com que ele conte a história toda de novo: onde, como, quantas vezes, há quanto tempo e quando envolveu-se ele e vai de novo envolver-se com sua esposa. Repito: preste atenção aos gestos dele. Sim, tenha paciência; do contrário, terei de concluir que o senhor, afinal, em vez de um homem, não passa de viscosa bílis.

Otelo – Escuta-me, Iago. Saberei ser o mais dissimulado dos homens em minha paciência, mas ... escuta-me, Iago ... também o mais sanguinário.

Iago – Não estará incorreto; no entanto, tudo a seu tempo. O senhor poderia agora esconder-se?

[*Otelo afasta-se.*]

Agora vou questionar Cássio em relação a Bianca, mulher assanhada que, ao vender seus desejos, compra para si pão e roupa. Tem essa criatura um fraco por Cássio, como sói ser a praga das prostitutas: sabem lograr muitos e acabam sendo logradas por um só. Ele, quando ouve falar dela, não consegue conter a risada. Aí vem ele.

Entra Cássio de novo.

Cássio vai sorrir, e Otelo vai enlouquecer. Seu ciúme ingênuo encarrega-se então de dar sentido aos sorrisos, aos gestos, ao comportamento leviano do pobre Cássio, sentido esse construído sobre bases equivocadas. Como vai, tenente?

Cássio – Pior agora, que me tratas por esse título cuja falta ainda acaba por me matar.

Iago – Assedie Desdêmona sem descanso, e o senhor estará no caminho certo. Agora, se essa causa fosse passível de ser defendida por Bianca, com que rapidez teria o senhor alcançado o seu objetivo!

Cássio – Ai de mim! Aquela pobre infeliz, coitadinha!

Otelo – (Olhem como ele já está se rindo!)

Iago – Nunca vi mulher que amasse tanto a um homem.

Cássio – Ai de mim! Pobre vagabunda! Penso, de fato, que ela me ama.

Otelo – (Agora ele nega sem muita convicção, e descarta o assunto com uma risada.)

Iago – Cássio, escute o que tenho a dizer.

Otelo – (Agora Iago o importuna para que conte a história de novo. Vamos lá. Está bendito, está benfeito.)

Iago – Ela tem espalhado por aí que vão os dois casar-se. É essa a tua intenção?

Cássio – Rá, rá, rá!

Otelo – (Estás cantando vitória, romano? Estás cantando vitória?

Cássio – Eu, casar com ela! Ora, uma meretriz! Suplico-te, Iago, mostra alguma condescendência para com minha inteligência! Não vai pensar que estou tão ruim da cabeça. Rá, rá, rá!

Otelo – (Ora, ora, ora. Assim riem os vencedores.)

Iago – Na verdade, diz-se por aí que o senhor vai desposá-la.

CÁSSIO – Peço-te um favor: fala a verdade.

IAGO – Posso ser um perfeito vilão para outros assuntos, não para este.

OTELO – (Estás em vantagem com relação a mim? Pois muito bem.)

CÁSSIO – Isso é boato por ela mesma espalhado. Essa macaquinha travessa convenceu-se, a partir de seu próprio sentimento, e por sentir-se lisonjeada com minha atenção a ela, de que será minha esposa. Tal ideia jamais partiu de uma promessa minha.

OTELO – (Iago está me fazendo um sinal. Agora ele começa a narrar a história.)

CÁSSIO – Ela esteve aqui ainda agora; persegue-me como uma sombra em todos os lugares. Outro dia estava eu na praia a conversar com alguns venezianos, quando eis que me aparece a mulherzinha e, por minha mão direita, agarra-se ao meu pescoço...

OTELO – (Gritando "Oh, querido Cássio", acho eu. O gesto dele dá a entender uma coisa assim.)

CÁSSIO – Assim ela se dependura em mim, encosta-se em mim, derrama lágrimas sobre mim; assim ela estremece o corpo, e assim ela me afasta de si. Rá, rá, rá.

OTELO – (Agora ele está contando como ela o puxou para os meus aposentos. Ah, eu enxergo daqui esse seu nariz, e ainda hei de atirá-lo aos cachorros.)

CÁSSIO – Bem, preciso deixar de vê-la.

IAGO – Diante de meus olhos! Ei-la que chega, olhe!

Cássio – Assim são as vadias! Na verdade, uma vadia perfumada!

Entra Bianca.

O que pretende, seguindo-me dessa maneira?

Bianca – Seguir você? Deixo isso para o demônio e seu séquito animalesco. O que pretendia você, com este lenço que me deu ainda há pouco? Fui uma boba em pegá-lo. Devo fazer uma cópia do bordado? Bonita trama, essa, dizer que encontrou o lenço em seus aposentos... e não sabe quem o perdeu lá! Isto é lembrança de alguma sem-vergonha. E devo eu fazer cópia do bordado? Tome o lenço; entregue-o à sua cadela. Seja de onde for que lhe apareceu isso, eu é que não vou fazer cópia do bordado.

Cássio – Ora, vamos, minha doce Bianca! Ora, vamos!

Otelo – (Pelos céus, aquele lenço só pode ser o meu!)

Bianca – E, se é de seu agrado jantar comigo esta noite, pode ir à minha casa. Se não é isso que o senhor deseja, pode aparecer quando para mim estiver preparado.

[*Retira-se.*]

Iago – Atrás dela, atrás dela!

Cássio – Deveras, é o que preciso fazer. Do contrário, vai reclamar de mim nas ruas.

Iago – E você vai jantar na casa dela?

Cássio – De fato, essa é minha intenção.

Iago – Bom, pode dar o acaso de nos encontrarmos por lá, pois me daria enorme prazer falar consigo.

Cássio – Pois então eu te peço: vai até lá. Achas que irás?

Iago – Suma-se daqui. Não diga mais nada.

[*Cássio retira-se.*]

Otelo – [*adiantando-se*] Como devo matá-lo, Iago?

Iago – O senhor percebeu como ele se ria de seu próprio vício?

Otelo – Ah, Iago!

Iago – E o senhor viu o lenço?

Otelo – Aquele era o meu?

Iago – O seu, juro por esta minha mão direita ... e ver como ele faz de boba sua esposa! Ela o presenteia com o lenço, e ele, com o mesmo lenço, presenteia sua rameira.

Otelo – Eu gostaria de poder ficar nove anos assassinando esse Cássio. Uma mulher refinada! Uma mulher linda! Uma mulher tão doce!

Iago – Vamos, o senhor deve esquecer isso.

Otelo – Sim, deixá-la apodrecer e perecer e ser amaldiçoada esta noite. Pois ela não viverá. Não, meu coração em pedra transformou-se. Bato nele, e é minha mão que sai ferida. Ah, não há no mundo criatura mais doce: ela pode deitar-se com um imperador, e ele obedecerá as ordens dela.

Iago – Não, esse não é o caminho a seguir.

Otelo – Que seja enforcada! Digo apenas o que ela é: tão delicada nos trabalhos de agulha, admirável ao praticar sua música ... oh, com seu canto ela encanta um urso selvagem ..., e consegue ser erudita e inteligente, e imaginativa e original...

Iago – Pois isso tudo só serve para fazer dela pessoa ainda pior.

Otelo – Ah, mil vezes pior, mil vezes ... e ainda por cima, de tão gentil disposição!

Iago – Sim, gentil demais.

Otelo – Não, estás certo. Mas, ainda assim, que pena isso tudo, Iago! Oh, Iago, que pena isso tudo, Iago!

Iago – Se o senhor aprecia tanto a iniquidade de sua esposa, garanta-lhe o privilégio de ofender. Se essa iniquidade não o toca, com certeza não atinge mais ninguém.

Otelo – Vou cortá-la em pedacinhos... Fazer de mim um corno!

Iago – Lá isso é infame da parte dela.

Otelo – Com meu oficial!

Iago – Mais infame ainda.

Otelo – Arranja-me algum veneno, Iago ... esta noite. Não vou com ela discutir, para não correr o risco de seu corpo e sua beleza perturbarem ainda uma vez mais a minha mente ... esta noite, Iago.

Iago – Não o faça com veneno. Estrangule-a em sua cama, o mesmo leito por ela contaminado.

Otelo – Isso. Boa ideia. Agrada-me a noção de justiça aí embutida. Muito bom.

Iago – Quanto a Cássio, encarrego-me de seu desaparecimento. O senhor terá notícias por volta de meia-noite.

Otelo – Mais que bom: excelente.

[*Ouve-se o tocar de uma trombeta.*]

Que trombeta é essa que está tocando?

Iago – Garanto-lhe, são notícias de Veneza.

Entram Ludovico, Desdêmona e Serviçais.

É Ludovico! Vem com notícias do Doge. E, veja, sua esposa vem com ele.

Ludovico – Que Deus o guarde, valoroso general!

Otelo – Agradeço de todo coração ao senhor.

Ludovico – O Doge e os senadores de Veneza o saúdam.

[*Entrega a ele uma carta.*]

Otelo – Beijo o intrumento de seus desígnios.

[*Abre e lê.*]

Desdêmona – Quais são as novas, meu bom primo Ludovico?

Iago – Fico feliz em vê-lo novamente, *signior*. Bem-vindo a Chipre.

Ludovico – Muito obrigado. Como vai o Tenente Cássio?

Iago – Vivendo, senhor.

Desdêmona – Primo, abateu-se sobre ele e meu amo e esposo um cruel desentendimento. Mas você poderá consertar tudo.

Otelo – (Tens certeza disso?)

Desdêmona – Que disseste, meu senhor?

Otelo – [*lendo*] "Que o senhor não deixe de cumpri-lo, como sabemos que o fará..."

Ludovico – Não havia chamado você. Está ocupado com a leitura. Houve um rompimento entre meu amo e Cássio?

Desdêmona – Dos mais lastimosos. Muito eu gostaria de reparar a situação, pelo afeto que dedico a Cássio.

Otelo – (Fogo e enxofre!)

Desdêmona – Que disseste, meu senhor?

Otelo – (És ou não és sensata?)

Desdêmona – O que é isso, agora? Está ele irado?

Ludovico – Talvez a carta o tenha comovido, pois, acredito eu, ordenam que volte para casa, sendo que Cássio o substituirá no governo de Chipre.

Desdêmona – Por minha palavra, fico contente.

Otelo – (Deveras!)

Desdêmona – Que disseste, meu senhor?

Otelo – Fico contente de vê-la fora de si com tanto entusiasmo.

Desdêmona – Ora, meu doce Otelo!

Otelo – Demônio!

[*Dá-lhe uma bofetada.*]

Desdêmona – Não mereço isso.

Ludovico – Meu senhor, se conto isso, ninguém me acreditará em Veneza. E, no entanto, posso jurar ter visto o que aconteceu. O senhor excedeu-se. Peça desculpas à sua esposa; ela está chorando.

Otelo – Oh, demônio, demônio. Pudesse a terra ser fecundada por lágrimas femininas, de cada gota por ela derramada nasceria um crocodilo. Quero-a longe, onde eu não possa vê-la.

Desdêmona – Eu não ficaria aqui para ofendê-lo com minha presença.

[*saindo*]

Ludovico – Uma esposa obediente, sem dúvida. Imploro à Sua Senhoria que a chame de volta.

Otelo – Senhora!

Desdêmona – Sim, meu amo e esposo?

Otelo – Que tratamento o senhor lhe daria?

Ludovico – Quem, eu, senhor?

Otelo – Sim, você. Pediu-me que a chamasse de volta. Senhor, ela pode voltar e voltar, e ainda assim ir em frente e voltar uma vez mais. E ela sabe chorar, senhor, derramar lágrimas! E é obediente, como o senhor diz, obediente, muito obediente. – Continua tu com tuas lágrimas. ... – Com relação a esta carta, senhor ... – Ah, paixão bem maquilada! ... – ordenam-me voltar para casa. ... – Tu, vai-te embora; mando chamar-te logo. ... – Senhor, eu obedeço o mandato e retorno a Veneza. ... – Fora daqui, some-te! ...

[*Desdêmona retira-se.*]

– Cássio ficará em meu lugar. E, senhor, esta noite, peço-lhe que jante comigo. O senhor é muito bem-vindo a Chipre. ... – Aqui são todos bodes e macacos!

[*Retira-se.*]

Ludovico – É esse o nobre Mouro a quem chamam, todos os homens de nosso Senado, a competência em pessoa? É essa a natureza que paixão alguma conseguiu abalar? Natureza cuja sólida virtude nenhum incidente, nenhum azar do destino conseguiu arranhar nem diminuir?

Iago – Ele está muito transformado.

Ludovico – Estará sua sanidade preservada? Não pode estar ele de miolo mole?

Iago – Ele é isso que ele é. Eu não me atreveria nem mesmo a sussurrar minhas censuras em relação a quem ele é. Se o que ele poderia ser ele não é, eu pediria aos céus que ele fosse!

Ludovico – Mas... esbofetear a esposa!

Iago – De fato, não foi uma cena bonita. E, no entanto, como eu gostaria de ter certeza que aquela bofetada foi o pior!

Ludovico – É hábito dele? Ou as cartas tiveram um tal impacto em seu sangue, a ponto de originar aquele erro?

Iago – Ai de mim, ai de mim! Não seria honesto de minha parte falar sobre o que tenho visto e o que sei. O senhor pode observá-lo, e o próprio comportamento do Mouro se encarregará de denunciá-lo, de modo que poupo o meu discurso. Mas o senhor deve acompanhá-lo e observar como ele segue adiante.

Ludovico – Estou pesaroso por ter-me enganado com ele.

[*Saem os dois.*]

CENA II

Um aposento na cidadela.

Entram Otelo e Emília.

Otelo – Você então diz que não viu nada?

Emília – Nem vi, nem ouvi, nem jamais suspeitei.

Otelo – Contudo, você tem visto os dois juntos, ela e Cássio.

Emília – Mas nunca vi nada de mal nisso, e note-se que sempre escuto cada sílaba entre eles pronunciada.

Otelo – Mas, então, eles nunca sussurravam entre si?

Emília – Nunca, meu senhor.

Otelo – Nem nunca pediram-lhe que se retirasse?

Emília – Nunca.

Otelo – Para que você buscasse para ela o leque, as luvas, o véu, qualquer coisa?

Emília – Nunca, meu senhor.

Otelo – Isso é estranho.

Emília – Ouso dizer, senhor, que eu apostaria na honestidade de sua esposa, colocando minha própria alma como prêmio. Se o senhor suspeita do contrário, descarte essa sua suspeita, pois ela insulta o seu coração. Se algum desgraçado colocou tal ideia em sua cabeça, que os céus revidem, com a maldição da serpente! Se sua esposa não é honesta, casta e fiel, não existe homem feliz, pois a mais pura das esposas é tão suja e obscena como uma difamação.

Otelo – Peça a ela que venha até aqui. Vá.

[*Emília sai.*]

Ela fala bem, e apenas o suficiente. Contudo, é uma simples alcoviteira, que não pode dizer mais. Essa é uma prostituta sutil, fechadura e chave de um armário repleto de segredos infames. Por outro lado, ajoelha-se e reza; eu mesmo sou testemunha disso.

Entra Desdêmona, com Emília.

Desdêmona – Meu amo e esposo, que desejas?

Otelo – Peço-te, amorzinho, chega perto.

Desdêmona – O que te faria feliz, meu marido?

Otelo – Deixa-me contemplar os teus olhos. Olha-me no rosto.

Desdêmona – Que fantasia horrível é essa agora?

Otelo – [*para Emília*] Uma de suas funções, senhora: deixa os reprodutores sozinhos e fecha a porta. Tussa ou grite "Humm" se alguém se aproximar ... É sua obrigação, sua obrigação. Vá, logo, mexa-se!

[*Emília sai.*]

Desdêmona – De joelhos eu te pergunto: o que significa esse teu discurso? Depreendo uma fúria em tuas palavras, mas escapa-me o sentido dessas mesmas palavras.

Otelo – Por quê? Quem és tu?

Desdêmona – Tua esposa, meu senhor; tua verdadeira e leal esposa.

Otelo – Ora, vamos! Jura por Deus e condena-te ao inferno; isso para que, com essa tua aparência celestial, os próprios demônios não tenham medo de vir buscar-te. Que tu sejas, portanto, duas vezes amaldiçoada. Jura por Deus que és honesta.

Desdêmona – Deus sabe que verdadeiramente o sou.

Otelo – Deus verdadeiramente sabe que tu és falsa como o diabo.

Desdêmona – Com quem, meu senhor? Para quem? Como sou falsa?

Otelo – Ah, Desdêmona! Sai daqui! Sai daqui, vai-te embora! Desaparece da minha frente!

Desdêmona – Ai de mim, que dia tão pesado! Por que choras? Sou eu o motivo dessas lágrimas, meu senhor? Se porventura suspeitas de meu pai como instrumento causador dessa carta que te chama de volta a Veneza, não ponhas a culpa em mim. Se perdeste a confiança dele, ora, eu também a perdi.

Otelo – Tivesse sido do agrado dos céus testar-me com aflições, tivessem eles feito chover todo tipo de chagas e desonras sobre minha cabeça descoberta, tivessem os céus me afundado na miséria até o pescoço, tivessem eles aprisionado a mim e às minhas mais altas esperanças, ainda assim eu teria encontrado, em alguma concavidade de minha alma, uma gota de paciência. Mas, ai de mim, fazer de minha pessoa uma figura fixa para, em cima dela, marcar o tempo do menosprezo com um ponteiro lento e igualmente fixo! E, no entanto, até mesmo isso eu suportaria, e bem, muito bem. Mas logo ali, onde havia eu armazenado o meu coração, onde preciso eu ou viver ou não ter vida, logo ali, na fonte de onde brota o rio de minha existência, rio este que seca se não for por sua fonte alimentado ... logo dali, ser removido! Ou devo eu contentar-me em ser cisterna, onde sapos obscenos vêm enlaçar-se e procriar? Vira tua face para o outro lado, paciência, tu, querubim novinho e de lábios rosados, sim, para o outro lado, e mostra-te sinistro como o próprio inferno!

Desdêmona – Espero que o meu nobre senhor me tenha por mulher honesta.

Otelo – Oh, sim. Honesta como as moscas de verão num matadouro, que distribuem vida mesmo quando estão depositando os seus ovos na putrefação da carne. Ah, tu, erva daninha, tão amavelmente linda, tão docemente perfumada, tanto que os cinco sentidos sofrem perante tua pessoa, quisera eu que nunca tivesses nascido!

Desdêmona – Ai de mim, que pecado cometi, do qual sou ignorante?

Otelo – O papel mais alvo, o livro mais formoso foram feitos para que neles se escrevesse a palavra "prostituta"? Que pecado cometeste? O pecado cometido! Ah, tu, mulher pública! Pudesse eu transformar em forja a minha cara, para que nela se queimasse o meu decoro, para que ele se reduzisse a cinzas, aí então eu poderia falar de teus atos. Que pecado cometeste? O paraíso suspende a respiração, tapa o nariz; a lua cintila porque está piscando para deter as lágrimas; o vento, que, em sua indecência, vai beijando tudo o que encontra pela frente, silencia dentro do côncavo mineral da terra e tapa os ouvidos para não ter de escutar tua história. Que pecado cometeste? Meretriz impudente!

Desdêmona – Pelos céus, estás me injuriando.

Otelo – Não és uma meretriz?

Desdêmona – Não; sou uma mulher cristã. Se preservar este meu corpo para meu amo e esposo, livrando-o de qualquer contato ilegítimo e obsceno, significa não ser uma meretriz, não o sou.

Otelo – O quê? Não és uma meretriz?

Desdêmona – Não; sou uma alma que encontrará a salvação.

Otelo – Será isso possível?

Desdêmona – Ah, que os céus nos perdoem!

Otelo – Mas então imploro-te por clemência. Tomei-a por aquela meretriz astuciosa de Veneza que desposou Otelo.

[*Elevando o tom de voz.*]

Você, senhora, que ocupa posto avesso ao de São Pedro e guarda o portão para o Inferno.

Emília entra de volta.

Você, você, sim, a senhora mesmo! Nossas relações estão terminadas. Aqui a senhora tem algum dinheiro por seu incômodo. Peço à senhora que gire a chave na fechadura e guarde este nosso segredo.

[*Otelo sai.*]

Emília – Ai de mim, o que anda imaginando esse cavalheiro? Como está a senhora, madame? Como está passando, minha boa senhora?

Desdêmona – Na verdade, meio sonolenta.

Emília – Generosa madame, qual é o problema que aflige o meu amo?

Desdêmona – Aflige quem?

Emília – Ora, o meu amo, madame.

Desdêmona – Quem é o teu amo?

Emília – Aquele que é também o seu amo, doce senhora.

Desdêmona – Eu não tenho amo. Não fala comigo, Emília. Não consigo chorar e, respostas, eu não as tenho, a não ser aquelas que devem com lágrimas ser lavadas. Suplico-te: esta noite, arruma minha cama com os lençóis da minha noite de núpcias ... Não esquece. E chama até aqui o teu marido.

Emília – Essa é, deveras, uma mudança e tanto!

[*Emília sai.*]

Desdêmona – É apropriado que eu seja assim usada, nada mais que apropriado. Como será que tenho sido controlada? A ponto de ele poder cravar opinião a mais ínfima sobre uma ínfima impropriedade minha?

Entra Emília de volta, com Iago.

Iago – Em que lhe posso agradar, madame? Como tem a senhora passado?

Desdêmona – Nem sei dizer. Quem educa uma criança pequena o faz por meios gentis, com tarefas fáceis. Ele podia ter me repreendido assim, pois, a bem da verdade, não passo de uma criança com quem se deve ralhar.

IAGO – Qual é o problema, minha senhora?

EMÍLIA – Ai de mim, Iago, meu amo de tal modo maltratou-a, chamando-a de meretriz, sobre ela atirando suspeitas infames e palavras pesadas, tanto que nenhum coração sincero teria como suportar.

DESDÊMONA – Sou eu esse nome, Iago?

IAGO – Que nome, minha linda senhora?

DESDÊMONA – Esse que Emília disse que meu amo e esposo disse que eu era.

EMÍLIA – Ele a chamou de meretriz. Um mendigo bêbado não teria jogado esses termos em cima de sua amásia.

IAGO – E por que ele faria isso?

DESDÊMONA – Não faço ideia. Tenho certeza de que isso eu não sou.

IAGO – Não chore, senhora, não chore. Ai de mim, que dia!

EMÍLIA – Teria ela rejeitado tantos bons e nobres partidos, o próprio pai, seu país natal e seus amigos para ser chamada de meretriz? No lugar dela, tu não chorarias?

DESDÊMONA – É minha sina, um destino miserável.

IAGO – Maldito seja ele por isso! De onde será, tirou ele ideia assim extravagante?

DESDÊMONA – Só os céus podem saber.

EMÍLIA – Quero ser enforcada se me engano, mas penso que algum vilão de maldade eterna, alguém que se ocupa de velhacarias insinuantes, algum escravo embusteiro, alguém que gosta de iludir e lograr os outros, tendo por objetivo conseguir um posto junto ao general, engendrou essa calúnia. Quero ser enforcada se me engano.

Iago – Que vergonha, pensar assim! Tal homem não existe. É impossível.

Desdêmona – Se existisse um assim, que os céus dele se apiedassem!

Emília – Que a forca e o cadafalso dele se apiedassem! E que o inferno e os demônios todos roessem e corroessem todos os seus ossos, um por um! Por que iria o Mouro chamá-la de meretriz? Quem faz companhia a Desdêmona? Em que lugar? A que horas? De que forma? Com que pretexto? O Mouro está sendo enganado por um patife dos mais vis, um patife da mais ilustre mesquinhez, uma criatura das mais desprezíveis. Oh, céus, que bom seria se pudésseis revelar-nos quem são esses nossos companheiros, confiando a cada mão honesta um chicote para açoitarmos os cretinos, nus em pelo, pelo mundo afora, de leste a oeste!

Iago – Fala de modo que não te ouçam lá fora.

Emília – Arre, eles que tenham vergonha na cara! Pois foi um desses gentis cavalheiros que virou do avesso a tua inteligência e te fez suspeitar que eu tive alguma coisa a ver com o Mouro.

Iago – És uma mulher muito tola. Vai-te embora daqui.

Desdêmona – Ai de mim, Iago, que posso fazer para reconquistar o meu amo e esposo? Meu bom amigo, vá ter com ele. Pela luz que nos ilumina, não consigo imaginar como eu o perdi. Aqui ajoelho-me: se alguma vez minha vontade cometeu falta contra o amor de meu marido, seja no curso de meus pensamentos, seja em ação perpetrada; ou se meus olhos, meus ouvidos ou qualquer outro de meus sentidos deliciaram-se alguma vez em outra figura que não a dele; ou se hoje não o amo ainda com toda a ternura possível, se assim nunca o amei, se assim não o amarei em tempos futuros, muito embora ele esteja me abandonando nos braços de um divorciamento miserável, que me abandone a alegria de viver! A crueldade pode muito, e a crueldade dele pode derrotar o meu viver, mas jamais conseguirá contaminar o meu amor. Não posso dizer "meretriz". Repugna-me a palavra, neste instante mesmo em que a pronuncio. Cometer o ato que a meu nome viesse acrescentar esse título? Nem todo o conjunto de vaidades deste mundo poderia levar-me a isso.

Iago – Suplico-lhe, tranquilize-se. Há de ser tão somente um capricho dele. Os negócios do Estado preocupam-no sobremaneira, e ele ralha com a senhora.

Desdêmona – Se não fosse outra a explicação!

Iago – É apenas isso, garanto-lhe.

[*Soam as trombetas.*]

Ouçam como esses instrumentos chamam-nos para a janta! Os mensageiros de Veneza esperam ser alimentados. Entre, senhora, e não chore mais. Tudo vai terminar bem.

[*Saem Desdêmona e Emília.*]

Entra Rodrigo.

Então, como está você, Rodrigo?

Rodrigo – Acho que não procedeste de modo justo comigo.

Iago – Qual é a reclamação?

Rodrigo – Todos os dias tu me iludes com algum estratagema, Iago. Em vez de me suprires com um mínimo de esperanças, parece-me cada vez mais que me afastas de todas as oportunidades. Na verdade, não mais aturarei essa situação; tampouco estou convencido de deixar passar em brancas nuvens tudo que já sofri estupidamente.

Iago – Escute-me, Rodrigo.

Rodrigo – Nem pensar! Já ouvi demais, e sei que tuas palavras carecem de qualquer afinidade com tuas ações.

Iago – São injustas as acusações que você tem contra mim.

Rodrigo – São verdadeiras, isto sim. Gastei todo o dinheiro que tinha, até a última moeda. No tocante às joias que a ti confiei, para que as entregasse a Desdêmona, metade delas teria sido suficiente para corromper uma pessoa que tivesse feito voto de pobreza. A mim me disseste que ela as recebeu e, em troca, dava-me esperanças e o consolo de um súbito respeito à minha pessoa, juntamente com promessas de uma aproximação. E encontro o quê? Nada.

Iago – Ora, vamos. Muito bem! Prossiga-se com os planos.

Rodrigo – Muito bem! Prossiga-se com os planos! Não tenho como prosseguir, homem. Tampouco estão as coisas muito bem. Por esta minha mão, penso isso tudo extremamente desprezível, e começo a enxergar como fui enganado.

Iago – Muito bem.

Rodrigo – Estou te dizendo que nada disso está muito bem. Vou apresentar-me perante Desdêmona. Se ela devolver minhas joias, desisto de minhas súplicas apaixonadas e arrependo-me de meus pedidos ilegítimos. Caso contrário, podes estar certo de que venho tirar satisfações de tua pessoa.

Iago – Agora você disse tudo.

Rodrigo – Sim, e não disse nada além do que pretendo fazer.

Iago – Ora, vejo então que há caráter em sua pessoa. A partir deste exato instante passo a ter melhor opinião de você. Dê-me a sua mão, Rodrigo. Você tem contra mim uma objeção mais do que justa. Mesmo assim, posso afirmar que procedi com toda a retidão em prol de sua causa.

Rodrigo – Pois não parece.

Iago – Deveras, reconheço que pode não parecer, e a suspeita que você levanta demonstra inteligência e discernimento. Mas, Rodrigo, se você realmente tem qualidades, algo que agora parece-me mais crível do que nunca ... quero dizer: iniciativa, coragem e valor ... mostre isso hoje à noite. E, se, na noite seguinte, ainda assim não desfrutar de Desdêmona, você deve de modo traiçoeiro subtrair-me deste mundo, inventando armadilhas para minha vida.

Rodrigo – Bem, de que se trata? É algo razoável e factível?

Iago – Senhor, veio de Veneza uma comissão especial, só para empossar Cássio no lugar de Otelo.

Rodrigo – Verdade? Ora, mas então Otelo e Desdêmona estão voltando para Veneza.

Iago – Ah, não. Ele vai para Mauritânia e leva consigo a linda Desdêmona, a menos que sua permanência aqui seja estendida devido a algum acidente, sendo que nenhum acidente poderia ser mais determinante que a exclusão de Cássio.

Rodrigo – O que queres dizer com "a exclusão de Cássio"?

Iago – Ora, torná-lo incapaz para assumir o posto de Otelo; golpeá-lo na cabeça.

Rodrigo – E isso tu pretendes que eu faça?

Iago – Sim, se você ousar arriscar-se por um ganho e um direito seu. Esta noite ele estará jantando com uma mulher da vida, e lá irei encontrar-me com ele. Ele desconhece por enquanto sua honrosa promoção. Se você quiser vigiá-lo em seu percurso depois de saído de lá, o que posso arranjar para acontecer entre as doze e uma hora, pode dispor dele como bem lhe aprouver. Estarei por perto, para dar-lhe cobertura nesse atentado, e ele deverá tombar entre nós dois. Vamos, não fique atônito com isso, mas acompanhe-me em meus pensamentos. Posso demonstrar-lhe: tanta é a necessidade da morte dele que você irá acreditar-se inclinado a perpetrá-la sozinho. Agora já passa da hora de jantar, e a noite está-se desperdiçando. Mãos à obra.

Rodrigo – Ainda quero escutar mais razões para um ato desses.

Iago – E com elas você se dará por satisfeito.

[*Saem os dois.*]

CENA III

Um outro aposento na cidadela.

Entram Otelo, Ludovico, Desdêmona, Emília e Serviçais.

Ludovico – Peço-lhe, senhor, não desperdice mais tempo comigo.

Otelo – Ah, queira me desculpar, mas só poderá me fazer bem, dar uma caminhada.

Ludovico – Madame, uma boa noite. Eu humildemente agradeço à Sua Senhoria.

Desdêmona – Sua Excelência é mais que bem-vindo.

Otelo – O senhor quer ter a bondade? Vamos caminhar? Ah, Desdêmona!

Desdêmona – Sim, meu senhor?

Otelo – Recolhe-te ao teu leito desde agora. Volto sem demora. Podes dispensar tua serviçal depois que estiveres pronta para a cama. Vê que isso seja feito.

Desdêmona – Assim será feito, meu amo e esposo.

[*Otelo, Ludovico e Serviçais retiram-se.*]

Emília – Como estão as coisas? Ele me parece mais gentil que antes.

Desdêmona – Diz ele que volta incontinenti. Ordenou-me ir para a cama, e pediu-me para dispensá-la por esta noite.

Emília – Dispensar-me por esta noite!

Desdêmona – Foi esse o pedido dele; portanto, minha boa Emília, alcança-me minha roupa de dormir, e *adieu*. Não devemos contrariá-lo.

Emília – Preferia eu que a senhora jamais o tivesse conhecido.

Desdêmona – Pois eu não. Meu amor o tem em tão alta estima que mesmo sua teimosia, sua rejeição, sua testa franzida ... suplico-te, alivia-me de minha roupa ... para mim têm encanto e distinção.

Emília – Arrumei a cama com os lençóis que a senhora pediu.

Desdêmona – É tudo o mesmo. A bem da verdade, que tolos são os nossos pensamentos! Se eu morrer antes de ti, peço-te fazer de um desses lençóis a minha mortalha.

Emília – Ora, vamos, que conversa!

Desdêmona – Minha mãe tinha uma criada chamada Bárbara. Ela estava apaixonada. E o homem por quem se apaixonara mais tarde ficou louco e abandonou-a. Ela cantava uma música, sobre um salgueiro, uma canção antiga, muito antiga, mas que era a expressão de sua sorte, e ela morreu cantando essa música. Justo essa música hoje não me sai da cabeça. Devo ocupar-me com o que preciso fazer, para não ladear a cabeça e entoar essa canção, como fazia a pobre Bárbara. Peço-te, anda rápido.

EMÍLIA – Devo buscar sua camisola?

DESDÊMONA – Não. Alivia-me aqui desta roupa. Esse Ludovico é um perfeito cavalheiro.

EMÍLIA – Um homem muito bonito.

DESDÊMONA – Ele sabe falar muito bem.

EMÍLIA – Sei de uma dama em Veneza que teria andado de pés descalços até a Palestina por um roçar dos lábios dele.

DESDÊMONA – [*canta*]

Pobre alma, sentava, suspirava, soluçava
ao pé de um plátano
Cantem todos: meu verde salgueiro
Co'a cabeça no joelho, co'a mão sobre o peito
Cantem: salgueiro, meu verde salgueiro
As águas sussurram, refrescantes e correntes,
cantando o choro dela
Cantem: salgueiro, meu verde salgueiro
As lágrimas saltam salgadas sobre os seixos

... coloca junto desses ...

Cantem todos: meu verde salgueiro

Suplico-te, mais pressa com isso. Ele chega dentro em pouco...

De folhas de plátano será minha guirlanda
Não quero ninguém a censurá-lo, pois eu
[mesma
aprovo-lhe a distância...

Não, esse não é o verso seguinte. Escuta! Quem está batendo?

Emília – É o vento.

Desdêmona – [*canta*]

De falso acusei o meu amor
Daí, o que foi que ele falou?
Cantem: salgueiro, meu verde salgueiro
Se fiz a mais damas a corte,
você com mais homens se deitou.

Agora, podes ir embora. Boa noite. Ardem os meus olhos. Isto quer dizer que vou chorar?

Emília – Isso não quer dizer nada, nem aqui nem em nenhum outro lugar.

Desdêmona – Ouvi falar algo assim. Ah, esses homens, esses homens! Pensar tu, em sã consciência ... dize-me, Emília ..., que existem mulheres que maltratam e ofendem seus maridos de modo tão grosseiro?

Emília – Existem algumas assim, não há dúvida.

Desdêmona – E tu, cometerias um ato desses, por qualquer uma coisa deste mundo?

Emília – Ora, e a senhora não?

Desdêmona – Não, por essa luz que nos ilumina, claro que não!

Emília – Eu também não, sob essa luz que nos ilumina. Prefiro fazer no escuro.

Desdêmona – Cometerias um ato desses, por qualquer uma coisa deste mundo?

Emília – Este mundo é imenso de tão grande. Qualquer coisa, a escolher, seria um prêmio por demais importante para um pecado por demais insignificante.

Desdêmona – Por minha honra, penso que tu não serias capaz.

Emília – Por minha honra, penso que eu deveria. E desfaria a coisa toda depois de tê-la feito. Realmente, eu não faria uma coisa dessas por um anel duplo, nem por alguns metros de linho, nem por vestidos, roupas de baixo, toucas, nem por qualquer mesada de menor monta. Mas, por qualquer uma coisa deste mundo, ...que bênção, a misericórdia divina! Quem não coroaria o marido com um par de chifres para poder coroá-lo monarca? Eu me arriscaria a enfrentar o purgatório por algo assim.

Desdêmona – Que os céus me amaldiçoem se eu cometesse uma tal ofensa, por qualquer uma coisa deste mundo.

Emília – Ora, a ofensa só é uma ofensa neste mundo. Se a senhora tivesse o mundo a seus pés, a sua seria uma ofensa no seu mundo, e a senhora poderia num piscar de olhos transformar a ofensa em elogio.

Desdêmona – Penso que não existe uma mulher assim.

Emília – Uma não, uma dúzia sim; e muitas mais, todas prontas a escolher qualquer uma coisa deste mundo no caso de a oportunidade aparecer. Mas eu penso que é culpa dos maridos quando as esposas caem em tentação. Digamos que eles negligenciam seus deveres e colocam nossos tesouros em colos estranhos, ou irrompem em mal-humoradas crises de ciúmes, atando-nos numa série de restrições. Digamos ainda que nos batem, ou fazem minguar nossa mesada anterior por despeito... Ora, nossos corpos secretam fel e, embora possamos ser graciosas, também temos sede de vingança. Saibam os maridos que suas esposas têm todos os sentidos, como eles: elas veem coisas, sentem cheiros, têm paladar para o doce e o azedo, igualzinho a seus maridos. O que estão fazendo eles quando nos trocam por outras? Praticando um esporte? Acredito que sim. Um esporte gerado por afeição? Acredito que sim. É a fragilidade de cada um que peca dessa maneira? Também acredito que sim. E não temos nós, esposas, afeições? Desejo de praticar um esporte? E não somos igualmente frágeis? Tanto quanto os homens? Então, que eles façam de nós bom uso; do contrário, que saibam que os males que fazemos foram eles que nos ensinaram.

Desdêmona – Boa noite, boa noite.

[*Emília sai.*]

Que os céus a mim enviem esse bom uso que os maridos fazem de suas esposas, não para eu aprender o que é mau a partir do mal, mas sim para o mal ser reparado.

[*Sai.*]

QUINTO ATO

CENA I

Uma rua.

Entram Iago e Rodrigo.

Iago – Aqui, fique atrás desta pilastra. Logo ele estará chegando. Empunhe o seu bom espadim e faça dele bom uso: um golpe certeiro em endereço certo. Rápido, rápido. Não tenha medo; estarei ao alcance do seu braço. Com esse ato estaremos feitos na vida... ou com ele arruinamos nossas vidas. Pense nisso e reafirme sua decisão.

Rodrigo – Fica tu próximo de mim, que ainda posso abortar o plano.

Iago – Estou aqui, ao alcance da sua mão. Tenha coragem, e tome sua posição.

[*Retira-se.*]

Rodrigo – Não me sinto nem um pouco entusiasmado com esse plano. E, no entanto, ele me forneceu razões satisfatórias. Será nada mais do que um homem a menos. Adiante, minha espada, e ele morre.

Iago – Massageei esse jovem espinhento até ele conseguir manter a espinha ereta, e agora ele fica irritado. Bem, se ele matar Cássio, ou Cássio a ele, ou se um matar o outro, de qualquer modo eu saio ganhando. Se Rodrigo viver, ele me fará restituir-lhe a enorme soma em ouro e joias que dele surrupiei, em forma de presentes para Desdêmona... Isso não pode acontecer. Se é Cássio quem sobra vivo, ele continua tendo em sua vida uma beleza diária que me torna feio; além disso, o Mouro sempre pode me delatar a ele... e aí eu corro extremo perigo. Não, ele precisa morrer. Que assim seja. Já escuto-lhe as passadas.

Entra Cássio.

Rodrigo – Conheço aquele jeito de andar. É ele. Infame, agora tu morres!

[*Dá uma estocada em Cássio.*]

Cássio – Esse golpe deveria ter sido, de fato, meu inimigo, mas meu casaco é pano melhor do que pensavas. Agora testo eu o teu casaco.

[*Saca da espada e fere Rodrigo.*]

Rodrigo – Oh, acabo de ser assassinado!

[*Iago chega-se por trás e dá um golpe nas pernas de Cássio; depois, foge.*]

Cássio – Estou para sempre aleijado. Socorro, alô! Assassino! Assassino!

[*Cai.*]

Entra Otelo.

Otelo – É a voz de Cássio. Iago mantém sua palavra.

Rodrigo – Ah, o vilão que eu sou!

Otelo – És mesmo.

Cássio – Oh, socorro, alô! Luz aqui! Um médico!

Otelo – É ele. Ah, meu bravo Iago, honesto e justo, tinhas uma opinião sincera da conduta desonrosa de teu amigo! E tu me ensinaste! Ah, sua assanhada, o teu querido aqui jaz, morto, e o teu destino maldito vem chegando a galope. Sua prostitutazinha, aqui vou eu! Diante de meu coração, esses encantos, os teus olhos, estão eclipsados. Tua cama, manchada pela luxúria, estará em breve manchada pelo sangue da luxúria.

[*Ele sai.*]

Entram Ludovico e Graciano.

Cássio – Ora, alô! Ninguém de guarda? Ninguém de passagem? Assassino! Assassino!

Graciano – Alguma desgraça aconteceu. Essa voz grita em tom medonho!

Cássio – Oh, socorro!

Ludovico – Ouça!

Rodrigo – Oh, vilão miserável!

Ludovico – São dois ou três a gemer. Esta é uma noite pesada. Pode ser tudo fingimento. Melhor seria considerarmos arriscado acudir aos gritos sem mais gente para ajudar.

[*Eles colocam-se à parte.*]

Rodrigo – Ninguém há que me acuda? Ficarei aqui, sangrando até a morte.

Ludovico – Ouça!

Entra de volta Iago, com uma luz.

Graciano – Aí vem um, em mangas de camisa, portando luz e bem armado.

Iago – Quem está aí? Quem faz esse barulho todo e grita "assassino"?

Ludovico – Nós não sabemos.

Iago – Os senhores não ouviram um grito?

Cássio – Aqui, aqui! Pelo amor de Deus, ajudem-me!

Iago – Qual é o problema?

Graciano – Se não me engano, esse é o alferes de Otelo.

Ludovico – É ele mesmo. Um sujeito muito corajoso.

Iago – O que tem você, para gritar de modo tão agoniado?

Cássio – Iago? Ah, estou ferido, destruído por patifes! Socorre-me aqui.

Iago – Minha nossa, tenente! Que patifes lhe fizeram isso?

Cássio – Acho que um deles ainda está aqui por perto, sem conseguir escapulir.

Iago – Ah, vilões, traiçoeiros! Quem são os senhores?

[*Espia Ludovico e Graciano.*]

Venham até aqui e prestem algum socorro.

Rodrigo – Ai, ajudem-me aqui!

Cássio – Aquele é um deles.

Iago – Ah, escravo assassino! Ah, patife!

[*Dá uma punhalada em Rodrigo.*]

Rodrigo – Oh, maldito Iago! Oh, cão sem alma!

Iago – Matar um homem no escuro! Onde estão esses ladrões sanguinários? Em que silêncio mergulhou esta cidade! Alô! Assassino! Assassino!

[*Ludovico e Graciano apresentam-se.*]

Quem podem ser vocês? São os senhores amigos ou inimigos?

Ludovico – Já que pretendes pôr-nos à prova, podes começar louvando-nos.

Iago – *Signior* Ludovico?

Ludovico – Eu mesmo.

Iago – Peço-lhe as mais sinceras desculpas. Aqui está Cássio, ferido por algum vilão.

Graciano – Cássio!

Iago – Como está você, meu irmão?

Cássio – Minha perna está quebrada ao meio.

Iago – Mas não, que os céus não permitam tal coisa! Luz, cavalheiros. Vou amarrar-lhe a perna com minha camisa.

Entra Bianca.

Bianca – O que está acontecendo, senhores? Quem está gritando?

Iago – Dá uma olhada em quem está gritando.

Bianca – Oh, meu querido Cássio! Meu doce Cássio! Oh, Cássio, Cássio, Cássio!

Iago – Ah, és uma notável rameira! Cássio, tem você alguma suspeita de quem pode ter sido a pessoa que o mutilou de tal forma?

Cássio – Não.

Graciano – Fico desolado em encontrá-lo nesse estado. Eu estava justamente procurando pelo senhor.

Iago – Empresta-me uma liga. Isso. – Vamos, procurem uma cadeira, que é para podermos carregá-lo daqui com mais facilidade.

Bianca – Ai de mim, desmaiou! Oh, Cássio, Cássio, Cássio!

Iago – Cavalheiros, desconfio que aquele verme teve parte nesse ato danoso. Mais um pouco de paciência, meu bom Cássio. Vamos, vamos. Alcancem-me uma luz. Reconhecemos esse rosto ou não? Ai de mim, meu amigo e meu caro patrício Rodrigo? Não ... mas, sim, claro, é Rodrigo.

Graciano – O quê? Rodrigo, de Veneza?

Iago – Ele mesmo, senhor. O senhor o conhece?

Graciano – Se o conheço? Sim!

Iago – *Signior* Graciano? Peço-lhe desculpas, peço-lhe o seu gentil perdão. Esses acidentes violentos justificarão meu comportamento, me justificarão por tê-lo negligenciado.

Graciano – É um prazer conhecê-lo.

Iago – Como está passando, Cássio? – Ah, uma cadeira, uma cadeira!

Graciano – Rodrigo!
Iago – É ele sim, é ele mesmo.

[*Trazem uma cadeira.*]

Ah, isso sim: a cadeira. Alguns de vocês, bons homens, levem-no com cuidado daqui. Eu vou buscar o médico do general.

[*Para Bianca:*]

Quanto a você, mulher, não se dê ao trabalho. – Esse que ali jaz, morto, Cássio, era um querido amigo meu. Que desavença havia entre vocês dois?

Cássio – Nenhuma. Nem mesmo conheço o homem.

Iago – [*para Bianca*] Mas, como? Estás pálida? – Vamos, tirem-no deste ar frio.

[*Cássio é levado para dentro, e o corpo de Rodrigo é removido.*]

Fiquem os senhores, meus bons cavalheiros. – Ainda pálida, mulher? – Percebem os senhores o terror no olhar dela? Não, mas se os senhores nela fixarem o olhar, logo saberemos mais, pois ela acabará falando. Olhem-na bem. Eu lhes peço, observem-na. Estão vendo, cavalheiros? Sim, a culpa acaba falando, embora a língua permaneça ociosa.

Entra Emília.

Emília – Ai de mim, o que houve aqui? O que aconteceu, marido?

Iago – Cássio foi aqui provocado, na escuridão da noite, por Rodrigo e por outros, que escapuliram. Cássio encontra-se em estado crítico, e Rodrigo está morto.

Emília – Ai de mim, gentil cavalheiro! Ai de mim, meu bom Cássio!

Iago – Esses são os frutos a serem colhidos por quem passa a vida desfrutando de vagabundas. Eu te peço, Emília, vai saber de Cássio onde ele jantou esta noite. – O quê? Tu estremeces a essa pergunta?

Bianca – Ele jantou em minha casa, mas não é por isso que estremeço.

Iago – Ah, então ele jantou contigo? Responsabilizo-te pelo acontecido. Acompanha-me.

Emília – Oh, que vergonha, sua rameira!

Bianca – Eu não sou rameira. Sou mulher de vida tão honesta quanto a sua, você que assim me ofende.

Emília – Tão honesta quanto a minha! Fora daqui! Que vergonha, mulher!

Iago – Gentis cavalheiros, vamos tratar de cobrir os ferimentos de Cássio. – Vem, mulher, precisas contar-nos uma outra história. – Emília, corre tu até a cidadela e relata ao meu amo e sua senhora o ocorrido. – Por gentileza, senhores, podem ir na frente. – [*À parte:*] Esta é a noite em que ou estou feito na vida ou arruinado para sempre.

[*Saem.*]

CENA II

Um quarto na cidadela. Desdêmona dorme em sua cama.

Entra Otelo com uma luz. Ele tranca a porta.

Otelo – Essa é a causa, essa é a causa, minha alma. Não me peçam, castas estrelas, que eu dê nome a ela. Essa é a causa. Contudo, não derramarei seu sangue, nem deixarei marca naquela sua pele, mais branca que a neve, mais lisa que o alabastro de monumentos... E, no entanto, ela deve morrer, para que não venha a trair ainda mais homens. Primeiro, apaga-se a luz, e depois... apaga-se a luz. Se preciso extinguir-te a ti, sacerdotisa ardente, posso ainda uma vez recuperar tua luz passada, no caso de me arrepender. Porém, uma vez apagada tua luz, modelo mais sutil da natureza em sua excelência, eu não saberia onde encontra-se aquela chama de Prometeu que pudesse reacender tua luz.

[*Larga o círio.*]

Quando eu tiver arrancado a rosa da roseira, não tenho como restituir-lhe o crescimento vital. Ela não tem outro remédio que não fenecer. Aspiro então o seu perfume no galho.

[*Beija-a.*]

Oh, hálito balsâmico, quase consegues persuadir a Justiça a quebrar sua espada! Mais um! Mais um! Sê assim quando estiveres morta, e quero matar-te para depois te amar. Um mais, e este é o derradeiro. Tamanha doçura jamais foi tão fatal. Minha necessidade é chorar, mas as minhas são lágrimas cruéis; e celestial é o meu pesar, pois ele dói na fonte do amor. Ela está se acordando.

Desdêmona – Quem está aí? Otelo?

Otelo – Sim, Desdêmona.

Desdêmona – Já vens para a cama, meu senhor?

Otelo – Disseste tuas orações esta noite, Desdêmona?

Desdêmona – Sim, meu amo e esposo.

Otelo – Se te vier à memória algum crime para o qual ainda não conseguiste reconciliação com os céus e a graça divina, faze esse pedido agora ao Senhor.

Desdêmona – Ai! Meu amo e esposo, o que poderias estar querendo dizer com isso?

Otelo – Bem, faze isso, e sê breve. Enquanto isso, eu dou uma caminhada. Eu não mataria o teu espírito despreparado. Não ... Deus me livre! ... Eu não mataria tua alma.

Desdêmona – Falas em matar?

Otelo – Sim, falo em matar.

Desdêmona – Pois então que os céus tenham piedade de mim!

Otelo – Amém, é o que desejo com todo o meu coração.

Desdêmona – Se falas assim, espero que não me mates.

Otelo – Hmm!

Desdêmona – E, no entanto, tu me assustas, pois sabes ser fatal quando reviras os olhos dessa maneira. Por que deveria eu assustar-me contigo não faço a menor ideia, uma vez que desconheço culpas. Todavia, sinto-me assustada.

Otelo – Pensa em teus pecados.

Desdêmona – Todos eles são amores que entrego em ti, para ti.

Otelo – Sim, e por isso tu morres.

Desdêmona – Essa não seria uma morte natural, a que mata por se amar. Ai de mim, por que mordes teu lábio inferior desse jeito? Alguma paixão sanguinária faz tremer todo o teu corpo. Isso são presságios, mas espero, realmente espero que não me ameacem a mim esses presságios.

Otelo – Calma, e fica quieta.

Desdêmona – Assim farei. Qual é o problema?

Otelo – Aquele lenço de que tanto gosto e dele te fiz um presente, tu o deste a Cássio.

Desdêmona – Não! Por minha vida, não! Por minha alma, não! Manda buscar o homem e pergunta a ele.

Otelo – Doce alma, presta atenção. Presta atenção, que isso é perjúrio. Estás no teu leito de morte.

Desdêmona – Sim, mas ainda não estou pronta para morrer.

Otelo – Pois logo, logo morrerás. Portanto, confessa e liberta-te desse teu pecado. O teu negar cada item com juramentos não fará desaparecer, tampouco sufocará, o forte propósito de que estou imbuído e que me faz assim padecer. Deves morrer.

Desdêmona – Oh, Senhor meu Deus, tende piedade de mim.

Otelo – Amém.

Desdêmona – E tenhas tu piedade também. Jamais o traí em toda a minha vida. Jamais amei Cássio com outro amor que não aquele que os céus sancionam, o único tipo de amor que eu poderia sentir por Cássio. E jamais dei-lhe uma lembrança.

Otelo – Por Deus, eu vi meu lenço na mão dele. Ah, mulher falsa! Tu apedrejas meu coração e me fazes chamar de assassinato o que tenciono fazer, que antes eu pensava ser um sacrifício. Eu vi o lenço!

Desdêmona – Então ele o encontrou. Eu jamais o presenteei com o lenço. Manda chamá-lo aqui. Deixa que ele fale a verdade.

Otelo – Ele já falou.

Desdêmona – O que dizes, meu senhor?

Otelo – Que ele te usou.

Desdêmona – Como? De maneira ilegítima?

Otelo – Sim.

Desdêmona – Ele não vai dizer uma coisa dessas.

Otelo – Não. Ele não fala mais. O honesto Iago recebeu ordens para tanto.

Desdêmona – Oh, explica-se por que eu me sentia assustada. Então está ele morto?

Otelo – Fosse cada fio de cabelo dele uma vida, e o tamanho de minha vingança teria estômago para todas elas.

Desdêmona – Ai de mim, ele foi traído, e eu, arruinada.

Otelo – Fora daqui, sua rameira! Choras por ele na minha frente?

Desdêmona – Ah, podes me mandar para o exílio, meu senhor, mas não me mates.

Otelo – Não te levantes, rameira!

Desdêmona – Mata-me amanhã; deixa-me viver esta noite!

Otelo – Não. Se tu lutares...

Desdêmona – Ao menos meia hora!

Otelo – Depois de começado, não há como parar.

Desdêmona – Ao menos enquanto eu faço uma prece!

Otelo – É tarde demais.

[*Ele a asfixia.*]

EMÍLIA – [*do lado de fora da porta*] Meu amo, meu amo! Ora, alô! Meu amo, meu amo!

OTELO – Que barulho é esse? ... Não estás morta? Não estás ainda totalmente morta? Eu, que sei ser cruel, também sei ser piedoso; não permitiria que te demorasses em tua dor. Isso, assim.

EMÍLIA – [*do lado de fora do quarto*] Ora, alô! Meu amo, meu amo!

OTELO – Quem está aí?

EMÍLIA – [*do lado de fora*] Ah, meu bom amo, gostaria de ter uma palavrinha com o senhor.

OTELO – Sim. É Emília. ... Já lhe atendo. ... Está morta. É bem possível que ela venha me contar sobre a morte de Cássio. Era muito barulho. Ha! Não se mexe mais? Imóvel qual uma lápide. Será que ela deve entrar? Seria aconselhável? Acho que ela está se mexendo de novo. Não. Que seria o melhor a fazer? Se ela entrar, com certeza vai querer falar com minha esposa ... Minha esposa! Minha esposa! Que esposa? Não tenho esposa. Oh, dor insuportável! Ah, que hora mais pesada! A mim me parece ser agora o momento para um total eclipse, de sol e de lua, quando então o globo, aterrorizado, deveria embasbacar-se pela alteração.

EMÍLIA – [*do lado de fora*] Peço-lhe que me conceda um momento para falar com o senhor. Oh, meu bom amo!

OTELO – Havia me esquecido da senhora. Mas, vamos entrar, Emília. Aguarde ainda um instantinho. Já abro a porta. É só o tempo de puxar o cortinado, de descer o pano sobre este leito. Onde está você?

[*Ele destranca a porta.*]

Entra Emília.

Que problema há consigo agora?

Emília – Oh, meu bom amo, um assassinato deu-se lá fora, abominável!

Otelo – Mas o quê? Agora?

Emília – Neste instante, meu amo.

Otelo – Isso é obra da lua, equivocada em sua trajetória. Ela se aproxima da Terra, mais que de costume, e enlouquece os homens.

Emília – Cássio, meu amo, matou um jovem veneziano de nome Rodrigo.

Otelo – Rodrigo? Morto? E Cássio morto!

Emília – Não, Cássio não está morto.

Otelo – Cássio não está morto! Mas então o assassinato está fora de sintonia, e a doce vingança mostra-se cada vez mais desarmoniosa.

Desdêmona – Ah, injustamente, injustamente assassinada!

Emília – Ai de mim, que grito foi esse?

Otelo – Grito? Que grito?

Emília – Fora daqui! Ai de mim, é a voz da minha patroa.

[*Ela abre o cortinado.*]

Socorro! Socorro! Alô, socorro! Oh, senhora, fale novamente! Doce Desdêmona! Oh, doce senhora, fale!

Desdêmona – Morro de uma morte sem motivos.

Emília – Oh, quem cometeu esse ato?

Desdêmona – Ninguém. Eu mesma. Adeus. Recomenda-me ao meu gentil esposo. Oh, adeus.

[*Morre.*]

Otelo – Por que, como, chegou ela a ser assassinada?

Emília – Ai de mim, quem pode saber?

Otelo – Ouviste-a dizer: não fui eu.

Emília – Ela disse isso, mesmo. Não posso negar a verdade.

Otelo – Ao afirmar uma mentira, condenou-se ela própria a arder no inferno. Fui eu quem a matou.

Emília – Oh! Isso a faz mais anjo ainda, e faz do senhor o mais negro dos demônios!

Otelo – Ela havia se entregado a um desatino, e era uma meretriz.

Emília – Isso é calúnia, e tu és o demônio.

Otelo – Ela era volúvel como a água.

Emília – Tu estás sendo impetuoso como o fogo ao sustentar que ela era volúvel. Ah, ela era constante, de uma lealdade angelical.

Otelo – Deixou que Cássio a cobrisse. Pergunta ao teu marido se não foi assim. Ah, quero eu ser amaldiçoado a viver abaixo das profundezas do inferno se não procedi de acordo com critérios justos para chegar a este ponto extremo. Teu marido sabia de tudo.

Emília – Meu marido!

Otelo – Teu marido.

Emília – Que ela era volúvel como esposa?

Otelo – Sim, traindo-me com Cássio. Tivesse ela sido leal e tivessem os céus construído para mim um outro mundo, feito de uma pedra preciosa, um topázio que fosse, íntegro e perfeito, ainda assim eu não a teria trocado por ele.

Emília – Meu marido!

Otelo – Sim, foi ele quem primeiro abriu-me os olhos para a deslealdade de Desdêmona. Um homem honesto esse Iago, e detesta a lama que se gruda em atos obscenos.

Emília – Meu marido!

Otelo – Para que ficar repetindo assim, mulher? Eu disse: teu marido.

Emília – Ah, senhora, a vilania zombou grosseiramente do amor! Meu marido dizendo que ela era desleal!

Otelo – Ele mesmo, mulher! Eu disse: teu marido. Entendes a palavra? Meu amigo, teu marido, o bom e honesto Iago.

Emília – Se ele disse tal coisa, que sua alma perniciosa apodreça meio grão por dia. Ele mentiu do fundo de seu coração nojento. Ela era apaixonada demais por sua escolha mais obscena.

Otelo – Ha!

Emília – Cometeste, senhor, o pior dos teus atos. És agora indigno de merecer o céu, assim como indigno foste de tua esposa.

Otelo – Cale-se. É o melhor que você tem a fazer.

Emília – Não tens nem metade da força capaz de me fazer mal. Eu sim, tenho toda a força necessária para machucar-me a mim mesma. Ah, simplório! Ah, bobalhão! Ignorante como a terra que te há de comer! Cometeste um ato ... Não me constrange a tua espada. Eu te denunciarei, nem que me custe vinte vidas. Socorro! Socorro, alô! Socorro! O Mouro matou minha patroa! Assassino! Assassino!

Entram Montano, Graciano, Iago e outros.

Montano – Qual é o problema? Mas o que houve, general?

Emília – Ah, então vieste, Iago? Pois fizeste muito bem, visto que os homens precisam descansar seus crimes de morte sobre teu pescoço.

Graciano – Qual é o problema?

Emília – Desmente esse vilão, se és homem. Diz ele teres sido tu a contar-lhe que sua esposa lhe era desleal. Sei que não fizeste isso, não és tão canalha assim. Fala, pois meu coração está a ponto de rebentar.

Iago – Contei a ele o que pensava, e não disse nada além daquilo que ele mesmo considerou provável e verdadeiro.

Emília – Mas falaste alguma vez que a ele ela era desleal?

Iago – Falei.

Emília – Falaste uma mentira, uma maldita, odiosa mentira. Por minha alma, uma mentira, uma mentira maldosa! Ela, desleal a ele, com Cássio! Disseste a ele com Cássio?

IAGO – Com Cássio, mulher. Agora sai daqui, e segura tua língua.

EMÍLIA – Não seguro minha língua. Sou obrigada a falar. Minha patroa aqui jaz, assassinada em seu leito...

TODOS – Oh, Deus nos livre!

EMÍLIA – E teus relatos instigaram esse assassinato.

OTELO – Não, senhores, não se assombrem. Essa é realmente a verdade.

GRACIANO – Uma verdade estranha.

MONTANO – Oh, ato monstruoso!

EMÍLIA – Vilania, vilania pura! Penso sobre o ocorrido; penso ... e farejo: ah, vilania! Antes, havia eu pensado a mesma coisa. Acabo matando-me de tanto pesar. Ah, vilania, a mais pura vilania!

IAGO – O quê? Ficaste louca? Ordeno-te, vai para casa.

EMÍLIA – Meus bons cavalheiros, deem-me licença para falar. O mais apropriado é que eu o obedeça, mas agora não. – Pode ser, Iago, que eu nunca mais volte para casa.

OTELO – Oh! Oh! Oh!

[*Deixa-se cair na cama.*]

EMÍLIA – Melhor: deita-te e urra, pois mataste a criaturinha mais doce e inocente a pôr os olhos neste mundo.

OTELO – [*erguendo-se da cama*] Ah, ela me desonrou. – Quase não o reconheço, meu tio. Aqui jaz sua sobrinha, cuja respiração, realmente, estas mãos recém obstruíram. Sei que esse ato parece terrível e sinistro.

GRACIANO – Pobre Desdêmona! Fico feliz por estar morto o teu pai. Teu casamento foi para ele um golpe mortal, e o mais puro sofrimento cortou ao meio o fio antigo de sua vida. Estivesse ele vivo agora, esta visão o levaria a um gesto desesperado. Sim, ele amaldiçoaria seu anjo custódio, escorraçando-o de seu lado, e se deixaria condenar ao inferno.

OTELO – É uma pena. No entanto, Iago sabe que ela juntou-se a Cássio mil vezes para com ele cometer o ato da vergonha. Cássio assim o confessou. E ela o gratificou por seus movimentos amorosos com aquele primeiro presente solene e promessa de amor que eu dei a ela ... eu vi, na mão dele ... um lenço, uma lembrança antiga que foi presente de meu pai à minha mãe.

EMÍLIA – Oh, Deus! Oh, Deus do céu!

IAGO – Pelas feridas de Cristo, aquieta-te!

EMÍLIA – Não posso ficar calada, não posso ficar calada! Eu, aquietar-me? Não! Falarei tão livremente como sopra o vento norte. Podem os céus e os homens e os demônios, podem eles todos, todos, sem exceção, dizer e gritar que sou mulher desonrada, e mesmo assim falarei.

IAGO – Sê esperta, e vai-te embora para casa.

EMÍLIA – Não.

[*Iago avança com a intenção de apunhalá-la.*]

Graciano – Que vergonha! A espada de um homem contra uma mulher!

Emília – Ah, tu, estúpido Mouro! Esse lenço de que falas, encontrei-o eu por acaso e entreguei-o ao meu marido, pois várias vezes, com uma veemência solene, por certo uma coisa em descompasso com objeto tão comum, ele me pediu que surrupiasse o tal lenço.

Iago – Meretriz calhorda!

Emília – Ela presenteou Cássio com o lenço? Não, ai de mim, eu o encontrei e entreguei-o ao meu marido.

Iago – Imunda, tu mentes!

Emília – Pelo céu que nos protege, eu não minto. Não estou mentindo, cavalheiros. – Ah, assassino pretensioso! O que pode fazer homem tão bobalhão com esposa tão boa!

Otelo – Não há pedras no céu que sirvam para outro fim que não trovejar? – Tu, refinado vilão!

[*Ele corre na direção de Iago, mas Montano desarma-o; aproveitando-se da confusão, Iago apunhala Emília por trás e foge.*]

Graciano – A mulher caiu. Olhem, ele matou a própria esposa.

Emília – Sim, sim. Oh, deitem-me ao lado de minha patroa.

Graciano – Ele fugiu, mas a esposa dele foi assassinada.

Montano – É um notório patife. Guarde consigo esta arma, que eu tirei das mãos do Mouro. Vamos, vigie a porta e não deixe que ele saia deste quarto. Se preciso for, mate-o. Vou em perseguição àquele canalha, aquele escravo maldito.

[*Todos saem, menos Otelo e Emília.*]

Otelo – Tampouco sou valente. Qualquer biltre, por mais débil, tira de minha mão a minha espada. Mas por que razão deveria a honra sobreviver à honestidade? Que tudo se acabe.

Emília – Como era a letra de sua música, senhora? Escute, pode a senhora ouvir-me? Eu canto a parte do cisne, e morro na música.

[*Cantando:*]

Cantem: salgueiro, meu verde salgueiro.

Mouro, ela era casta. Ela amava somente a ti, cruel Mouro. Que minha alma venha a ser abençoada, pois falo a verdade. E assim, falando os meus pensamentos, ai de mim, eu morro.

[*Morre.*]

Otelo – Tenho uma outra arma neste quarto. Era uma espada espanhola, de aço temperado em córregos gelados. Ah, aqui está. – Meu tio, preciso sair.

Graciano – [*à porta*] Se tentares sair, isso te custará muito caro. Não estás armado, e será necessário que sofras.

Otelo – Olhe então para cá, para mim, e fale comigo. Do contrário, mesmo desarmado como estou, terminarei por atacá-lo.

Graciano entra no quarto.

Graciano – Qual é o problema?

Otelo – Olhe, estou munido de uma espada. Melhor que esta nunca se viu suspensa ao lado da perna de um soldado. Já houve o dia em que, com este meu curto braço e esta boa espada abri caminho através de mais obstáculos que vinte vezes o de sua pessoa à minha frente. ... Mas, ora, estou me gabando em vão! Quem consegue controlar a sua sorte? ... Agora não é mais assim. Não tenha medo, embora esteja me vendo armado. Esta ponta aqui é o fim de minha jornada, este punho aqui é o marco terminal e sinal de navegação, a baliza de minha derradeira nau. O senhor recua, consternado? O seu é um temor desperdiçado. Qualquer homem que aponte uma vara de bambu contra o peito de Otelo fará com que ele dê para trás. Aonde iria Otelo? Agora, [*vira-se para a cama*] qual é tua aparência agora? Ah, prostituta azarada! Pálida como tua camisola! Quando nos encontrarmos, no Dia do Juízo Final, esse teu olhar irá empurrar-me para fora do céu, e os espíritos satânicos irão agarrar-se à minha alma. Gelada, estás gelada, minha menina! Bem como tua castidade. Oh, escravo amaldiçoado, mil vezes amaldiçoado! Açoitai-me vós, demônios, expulsai de meus olhos esta visão angelical! Que eu seja levado por tufões! Que eu seja cozinhado em ácido sulfúrico! Que me banhem as marés profundas de fogo líquido! Oh, Desdêmona! Desdêmona morta! Morta! Oh! Oh!

Entram Ludovico, Montano, Cássio carregado em uma cadeira e Oficiais com Iago, feito prisioneiro.

Ludovico – Onde está esse homem, precipitado e terrivelmente infeliz?

Otelo – Este que vocês procuram um dia foi Otelo; aqui estou eu.

Ludovico – Onde está a víbora? Apresentem o vilão.

Otelo – Olho para baixo, buscando ver-lhe os pés. Mas isso não passa de fábula. Se tu fosses o diabo, eu não teria como matá-lo.

[*Fere Iago.*]

Ludovico – Arranquem dele essa espada!

Iago – Estou sangrando, senhor, mas não estou ferido de morte.

Otelo – Com isso não fico desolado. Prefiro que vivas, pois, no meu entender, seria uma felicidade, a morte.

Ludovico – Ah, Otelo, tu, que foste um dia homem tão bom, caindo nas armadilhas de um escravo amaldiçoado... O que se pode te dizer?

Otelo – Ora, qualquer coisa: um assassino honrado, se quiserem. Pois absolutamente nada fiz por ódio, e sim por minha honra.

Ludovico – Esse desgraçado já confessou em parte sua vilania. Planejaram vocês os dois, de comum acordo, a morte de Cássio?

Otelo – Sim.

Cássio – Meu caro general, jamais lhe dei motivos!

Otelo – Acredito agora que não, e peço que me perdoes. – Rogo-lhes: poderiam vocês perguntar a esse meio-demônio por que razão armou ele um tal engodo para minha alma e meu corpo?

Iago – Não me perguntem nada. O que vocês sabem, vocês já sabem. Deste momento em diante não saem mais palavras de minha boca.

Ludovico – Por quê? Para não rezar?

Graciano – Teus tormentos te farão mover os lábios.

Otelo – Bem, é o melhor que tens a fazer.

Ludovico – Senhor, penso que o senhor vai entender o que aconteceu quando souber de coisas que ainda ignora. Eis aqui uma carta, encontrada no bolso de Rodrigo, o jovem assassinado, e eis aqui uma outra carta. O conteúdo de uma delas informa-nos que Rodrigo estava incumbido da morte de Cássio.

Otelo – Ah, vil homem!

Cássio – Um selvagem! Absolutamente infame!

Ludovico – Agora temos aqui um outro papel, também encontrado no bolso de Rodrigo, este de conteúdo desgostoso. Ao que parece, Rodrigo tencionava enviar esta carta para esse maldito vilão. Mas tudo sugere que Iago apareceu no momento exato de apresentar explicações que foram satisfatórias para Rodrigo.

Otelo – Ah, o verme pernicioso! Como aconteceu, Cássio, de estares com o lenço que era de minha esposa?

Cássio – Encontrei-o em meu quarto. E ele mesmo recém confessou que em meu quarto largou o lenço para assim alcançar um objetivo especial, em prol de seus desejos.

Otelo – Ah, tolo, tolo, bobalhão!

Cássio – Lê-se, além disso, na carta de Rodrigo, como ele censura Iago por tê-lo feito provocar-me naquela noite em que eu fazia a ronda. Daquilo resultou que fui destituído de meu posto. Faz pouco também ele contou ... depois de muito tempo aparentemente morto ... que foi Iago quem o feriu, Iago quem o instigou.

Ludovico – Você deve abandonar este quarto e acompanhar-nos. Seu poder e seu comando lhe foram tirados, e agora Cássio governa Chipre. – Quanto a esse escravo, se alguma crueldade existe, engenhosa o suficiente para atormentá-lo bastante e dele ocupar-se por muito e muito tempo, que ela o acompanhe. – Aqui terás tratamento de prisioneiro, até que a natureza de teu crime seja conhecida em Veneza. – Andando! Levem-no daqui!

Otelo – Por gentileza, esperem! Duas palavrinhas, antes que os senhores se vão. Prestei alguns serviços ao Estado, e isso é sabido. Mas, agora, outro assunto: suplico aos senhores que, em suas cartas, quando relatarem esses atos infelizes, falem de mim como sou. Que nada fique atenuado, mas que se esclareça também que em nada houve dolo. Depois os senhores devem mencionar este que amou demais, com sabedoria de menos; este que não se deixava levar por sentimentos de ciúme, mas, deixando-se levar por artimanhas alheias, chegou aos extremos de uma mente desnorteada; este cuja mão, como faz o índio mais abjeto, jogou fora uma pérola mais preciosa que toda a sua tribo; este que, de olhos baixos, apesar de não ser de seu feitio mostrar-se comovido, agora derrama lágrimas de maneira pródiga, como as árvores das Arábias derramam sua goma medicinal. ... Ponham isso no papel, e mais: contem que uma vez, em Alepo, quando vi um turco de má índole, turbante na cabeça, espancando um cidadão de Veneza e difamando o Estado, tomei pelo pescoço o cão circuncidado e golpeei-o... assim.

[*Apunhala-se.*]

Ludovico – Oh, sangrento fim!

Graciano – Tudo o que foi falado arruinou-se.

Otelo – Beijei-te antes de te matar. Nenhuma outra saída era possível, mas esta: matando-me, morro depois de te beijar.

[*Deixa-se cair na cama e morre.*]

Cássio – Isso era o que eu temia, mas não imaginei que ele pudesse estar armado. Era um homem de grande coração.

Ludovico – [*para Iago*] Ah, cão de Esparta, mais desumano que a angústia, que a fome; mais cruel que o mar! Olha a carga trágica dessa cama ... isso é obra tua. O quadro envenena-nos a visão. É preciso ocultá-lo.

[*Fecham o cortinado.*]

Graciano, você fica com a casa. E tome posse dos bens do Mouro, pois é você o herdeiro dele. Quanto a você, Senhor Governador, compete-lhe punir esse vilão infernal, decidindo a hora, o local, a tortura. Ah, faça com que a lei se cumpra! Estou embarcando imediatamente, e, ao Estado, este pesado ato relatarei com coração não menos pesado.

[*Saem todos.*]

Sobre a tradutora

Beatriz Viégas-Faria é tradutora formada pela Universidade Federal do Rio Grande do Sul (1986), com especialização em linguística aplicada ao ensino do inglês (UFRGS, 1991). Em 1999, concluiu mestrado na Pontifícia Universidade Católica do Rio Grande do Sul em linguística aplicada, com dissertação sobre a tradução de implícitos em *Romeu e Julieta*. Em 2004, concluiu doutorado com tese sobre tradução de implícitos em *Sonho de uma noite de verão* na mesma instituição. Em 2003, realizou pesquisa em estudos da tradução e tradução teatral na University of Warwick, Inglaterra. Começou a trabalhar com traduções de obras literárias em 1993 e, desde 1997, dedica-se também a traduzir as peças de William Shakespeare. É professora adjunta da UFPel. Em 2000, recebeu o Prêmio Açorianos de Literatura pela tradução de *Otelo* e, em 2001, o Prêmio Açorianos de Literatura com a obra *Pampa pernambucano (poesia, imagens, e-mails)*.

Coleção **L&PM** POCKET (Lançamentos mais recentes)

698.**Dez (quase) amores** – Claudia Tajes
699.**Poirot sempre espera** – Agatha Christie
701.**Apologia de Sócrates** *precedido de* **Êutifron e** *seguido de* **Críton** – Platão
702.**Wood & Stock** – Angeli
703.**Striptiras (3)** – Laerte
704.**Discurso sobre a origem e os fundamentos da desigualdade entre os homens** – Rousseau
705.**Os duelistas** – Joseph Conrad
706.**Dilbert (2)** – Scott Adams
707.**Viver e escrever** (vol. 1) – Edla van Steen
708.**Viver e escrever** (vol. 2) – Edla van Steen
709.**Viver e escrever** (vol. 3) – Edla van Steen
710.**A teia da aranha** – Agatha Christie
711.**O banquete** – Platão
712.**Os belos e malditos** – F. Scott Fitzgerald
713.**Libelo contra a arte moderna** – Salvador Dalí
714.**Akropolis** – Valerio Massimo Manfredi
715.**Devoradores de mortos** – Michael Crichton
716.**Sob o sol da Toscana** – Frances Mayes
717.**Batom na cueca** – Nani
718.**Vida dura** – Claudia Tajes
719.**Carne trêmula** – Ruth Rendell
720.**Cris, a fera** – David Coimbra
721.**O anticristo** – Nietzsche
722.**Como um romance** – Daniel Pennac
723.**Emboscada no Forte Bragg** – Tom Wolfe
724.**Assédio sexual** – Michael Crichton
725.**O espírito do Zen** – Alan W.Watts
726.**Um bonde chamado desejo** – Tennessee Williams
727.**Como gostais** *seguido de* **Conto de inverno** – Shakespeare
728.**Tratado sobre a tolerância** – Voltaire
729.**Snoopy: Doces ou travessuras? (7)** – Charles Schulz
730.**Cardápios do Anonymus Gourmet** – J.A. Pinheiro Machado
731.**100 receitas com lata** – J.A. Pinheiro Machado
732.**Conhece o Mário?** vol.2 – Santiago
733.**Dilbert (3)** – Scott Adams
734.**História de um louco amor** *seguido de* **Passado amor** – Horacio Quiroga
735(11).**Sexo: muito prazer** – Laura Meyer da Silva
736(12).**Para entender o adolescente** – Dr. Ronald Pagnoncelli
737(13).**Desembarcando a tristeza** – Dr. Fernando Lucchese
738.**Poirot e o mistério da arca espanhola & outras histórias** – Agatha Christie
739.**A última legião** – Valerio Massimo Manfredi
741.**Sol nascente** – Michael Crichton
742.**Duzentos ladrões** – Dalton Trevisan
743.**Os devaneios do caminhante solitário** – Rousseau
744.**Garfield, o rei da preguiça (10)** – Jim Davis
745.**Os magnatas** – Charles R. Morris
746.**Pulp** – Charles Bukowski
747.**Enquanto agonizo** – William Faulkner
748.**Aline: viciada em sexo (3)** – Adão Iturrusgarai
749.**A dama do cachorrinho** – Anton Tchékhov
750.**Tito Andrônico** – Shakespeare
751.**Antologia poética** – Anna Akhmátova
752.**O melhor de Hagar 6** – Dik e Chris Browne
753(12).**Michelangelo** – Nadine Sautel
754.**Dilbert (4)** – Scott Adams
755.**O jardim das cerejeiras** *seguido de* **Tio Vânia** – Tchékhov
756.**Geração Beat** – Claudio Willer
757.**Santos Dumont** – Alcy Cheuiche
758.**Budismo** – Claude B. Levenson
759.**Cleópatra** – Christian-Georges Schwentzel
760.**Revolução Francesa** – Frédéric Bluche, Stéphane Rials e Jean Tulard
761.**A crise de 1929** – Bernard Gazier
762.**Sigmund Freud** – Edson Sousa e Paulo Endo
763.**Império Romano** – Patrick Le Roux
764.**Cruzadas** – Cécile Morrisson
765.**O mistério do Trem Azul** – Agatha Christie
768.**Senso comum** – Thomas Paine
769.**O parque dos dinossauros** – Michael Crichton
770.**Trilogia da paixão** – Goethe
773.**Snoopy: No mundo da lua! (8)** – Charles Schulz
774.**Os Quatro Grandes** – Agatha Christie
775.**Um brinde de cianureto** – Agatha Christie
776.**Súplicas atendidas** – Truman Capote
779.**A viúva imortal** – Millôr Fernandes
780.**Cabala** – Roland Goetschel
781.**Capitalismo** – Claude Jessua
782.**Mitologia grega** – Pierre Grimal
783.**Economia: 100 palavras-chave** – Jean-Paul Betbèze
784.**Marxismo** – Henri Lefebvre
785.**Punição para a inocência** – Agatha Christie
786.**A extravagância do morto** – Agatha Christie
787(13).**Cézanne** – Bernard Fauconnier
788.**A identidade Bourne** – Robert Ludlum
789.**Da tranquilidade da alma** – Sêneca
790.**Um artista da fome** *seguido de* **Na colônia penal e outras histórias** – Kafka
791.**Histórias de fantasmas** – Charles Dickens
796.**O Uraguai** – Basílio da Gama
797.**A mão misteriosa** – Agatha Christie
798.**Testemunha ocular do crime** – Agatha Christie
799.**Crepúsculo dos ídolos** – Friedrich Nietzsche
802.**O grande golpe** – Dashiell Hammett
803.**Humor barra pesada** – Nani
804.**Vinho** – Jean-François Gautier
805.**Egito Antigo** – Sophie Desplancques
806(14).**Baudelaire** – Jean-Baptiste Baronian
807.**Caminho da sabedoria, caminho da paz** – Dalai Lama e Felizitas von Schönborn
808.**Senhor e servo e outras histórias** – Tolstói
809.**Os cadernos de Malte Laurids Brigge** – Rilke
810.**Dilbert (5)** – Scott Adams
811.**Big Sur** – Jack Kerouac
812.**Seguindo a correnteza** – Agatha Christie

813.**O álibi** – Sandra Brown
814.**Montanha-russa** – Martha Medeiros
815.**Coisas da vida** – Martha Medeiros
816.**A cantada infalível** *seguido de* **A mulher do centroavante** – David Coimbra
819.**Snoopy: Pausa para a soneca (9)** – Charles Schulz
820.**De pernas pro ar** – Eduardo Galeano
821.**Tragédias gregas** – Pascal Thiercy
822.**Existencialismo** – Jacques Colette
823.**Nietzsche** – Jean Granier
824.**Amar ou depender?** – Walter Riso
825.**Darmapada: A doutrina budista em versos**
826.**J'Accuse...! – a verdade em marcha** – Zola
827.**Os crimes ABC** – Agatha Christie
828.**Um gato entre os pombos** – Agatha Christie
831.**Dicionário de teatro** – Luiz Paulo Vasconcellos
832.**Cartas extraviadas** – Martha Medeiros
833.**A longa viagem de prazer** – J. J. Morosoli
834.**Receitas fáceis** – J. A. Pinheiro Machado
835.(14).**Mais fatos & mitos** – Dr. Fernando Lucchese
836.(15).**Boa viagem!** – Dr. Fernando Lucchese
837.**Aline: Finalmente nua!!!** (4) – Adão Iturrusgarai
838.**Mônica tem uma novidade!** – Mauricio de Sousa
839.**Cebolinha em apuros!** – Mauricio de Sousa
840.**Sócios no crime** – Agatha Christie
841.**Bocas do tempo** – Eduardo Galeano
842.**Orgulho e preconceito** – Jane Austen
843.**Impressionismo** – Dominique Lobstein
844.**Escrita chinesa** – Viviane Alleton
845.**Paris: uma história** – Yvan Combeau
846(15).**Van Gogh** – David Haziot
848.**Portal do destino** – Agatha Christie
849.**O futuro de uma ilusão** – Freud
850.**O mal-estar na cultura** – Freud
853.**Um crime adormecido** – Agatha Christie
854.**Satori em Paris** – Jack Kerouac
855.**Medo e delírio em Las Vegas** – Hunter Thompson
856.**Um negócio fracassado e outros contos de humor** – Tchékhov
857.**Mônica está de férias!** – Mauricio de Sousa
858.**De quem é esse coelho?** – Mauricio de Sousa
860.**O mistério Sittaford** – Agatha Christie
861.**Manhã transfigurada** – L. A. de Assis Brasil
862.**Alexandre, o Grande** – Pierre Briant
863.**Jesus** – Charles Perrot
864.**Islã** – Paul Balta
865.**Guerra da Secessão** – Farid Ameur
866.**Um rio que vem da Grécia** – Cláudio Moreno
868.**Assassinato na casa do pastor** – Agatha Christie
869.**Manual do líder** – Napoleão Bonaparte
870(16).**Billie Holiday** – Sylvia Fol
871.**Bidu arrasando!** – Mauricio de Sousa
872.**Os Sousa: Desventuras em família** – Mauricio de Sousa
874.**E no final a morte** – Agatha Christie
875.**Guia prático do Português correto – vol. 4** – Cláudio Moreno
876.**Dilbert (6)** – Scott Adams
877(17).**Leonardo da Vinci** – Sophie Chauveau
878.**Bella Toscana** – Frances Mayes
879.**A arte da ficção** – David Lodge
880.**Striptiras (4)** – Laerte
881.**Skrotinhos** – Angeli
882.**Depois do funeral** – Agatha Christie
883.**Radicci 7** – Iotti
884.**Walden** – H. D. Thoreau
885.**Lincoln** – Allen C. Guelzo
886.**Primeira Guerra Mundial** – Michael Howard
887.**A linha de sombra** – Joseph Conrad
888.**O amor é um cão dos diabos** – Bukowski
890.**Despertar: uma vida de Buda** – Jack Kerouac
891(18).**Albert Einstein** – Laurent Seksik
892.**Hell's Angels** – Hunter Thompson
893.**Ausência na primavera** – Agatha Christie
894.**Dilbert (7)** – Scott Adams
895.**Ao sul de lugar nenhum** – Bukowski
896.**Maquiavel** – Quentin Skinner
897.**Sócrates** – C.C.W. Taylor
899.**O Natal de Poirot** – Agatha Christie
900.**As veias abertas da América Latina** – Eduardo Galeano
901.**Snoopy: Sempre alerta! (10)** – Charles Schulz
902.**Chico Bento: Plantando confusão** – Mauricio de Sousa
903.**Penadinho: Quem é morto sempre aparece** – Mauricio de Sousa
904.**A vida sexual da mulher feia** – Claudia Tajes
905.**100 segredos de liquidificador** – José Antonio Pinheiro Machado
906.**Sexo muito prazer 2** – Laura Meyer da Silva
907.**Os nascimentos** – Eduardo Galeano
908.**As caras e as máscaras** – Eduardo Galeano
909.**O século do vento** – Eduardo Galeano
910.**Poirot perde uma cliente** – Agatha Christie
911.**Cérebro** – Michael O'Shea
912.**O escaravelho de ouro e outras histórias** – Edgar Allan Poe
913.**Piadas para sempre (4)** – Visconde da Casa Verde
914.**100 receitas de massas light** – Helena Tonetto
915(19).**Oscar Wilde** – Daniel Salvatore Schiffer
916.**Uma breve história do mundo** – H. G. Wells
917.**A Casa do Penhasco** – Agatha Christie
919.**John M. Keynes** – Bernard Gazier
920(20).**Virginia Woolf** – Alexandra Lemasson
921.**Peter e Wendy** *seguido de* **Peter Pan em Kensington Gardens** – J. M. Barrie
922.**Aline: numas de colegial (5)** – Adão Iturrusgarai
923.**Uma dose mortal** – Agatha Christie
924.**Os trabalhos de Hércules** – Agatha Christie
926.**Kant** – Roger Scruton
927.**A inocência do Padre Brown** – G.K. Chesterton
928.**Casa Velha** – Machado de Assis
929.**Marcas de nascença** – Nancy Huston
930.**Aulete de bolso**
931.**Hora Zero** – Agatha Christie
932.**Morte na Mesopotâmia** – Agatha Christie
934.**Nem te conto, João** – Dalton Trevisan
935.**As aventuras de Huckleberry Finn** – Mark Twain
936(21).**Marilyn Monroe** – Anne Plantagenet

937.**China moderna** – Rana Mitter
938.**Dinossauros** – David Norman
939.**Louca por homem** – Claudia Tajes
940.**Amores de alto risco** – Walter Riso
941.**Jogo de damas** – David Coimbra
942.**Filha é filha** – Agatha Christie
943.**M ou N?** – Agatha Christie
945.**Bidu: diversão em dobro!** – Mauricio de Sousa
946.**Fogo** – Anaïs Nin
947.**Rum: diário de um jornalista bêbado** – Hunter Thompson
948.**Persuasão** – Jane Austen
949.**Lágrimas na chuva** – Sergio Faraco
950.**Mulheres** – Bukowski
951.**Um pressentimento funesto** – Agatha Christie
952.**Cartas na mesa** – Agatha Christie
954.**O lobo do mar** – Jack London
955.**Os gatos** – Patricia Highsmith
956(22).**Jesus** – Christiane Rancé
957.**História da medicina** – William Bynum
958.**O Morro dos Ventos Uivantes** – Emily Brontë
959.**A filosofia na era trágica dos gregos** – Nietzsche
960.**Os treze problemas** – Agatha Christie
961.**A massagista japonesa** – Moacyr Scliar
963.**Humor do miserê** – Nani
964.**Todo o mundo tem dúvida, inclusive você** – Édison de Oliveira
965.**A dama do Bar Nevada** – Sergio Faraco
969.**O psicopata americano** – Bret Easton Ellis
970.**Ensaios de amor** – Alain de Botton
971.**O grande Gatsby** – F. Scott Fitzgerald
972.**Por que não sou cristão** – Bertrand Russell
973.**A Casa Torta** – Agatha Christie
974.**Encontro com a morte** – Agatha Christie
975(23).**Rimbaud** – Jean-Baptiste Baronian
976.**Cartas na rua** – Bukowski
977.**Memória** – Jonathan K. Foster
978.**A abadia de Northanger** – Jane Austen
979.**As pernas de Úrsula** – Claudia Tajes
980.**Retrato inacabado** – Agatha Christie
981.**Solanin (1)** – Inio Asano
982.**Solanin (2)** – Inio Asano
983.**Aventuras de menino** – Mitsuru Adachi
984(16).**Fatos & mitos sobre sua alimentação** – Dr. Fernando Lucchese
985.**Teoria quântica** – John Polkinghorne
986.**O eterno marido** – Fiódor Dostoiévski
987.**Um safado em Dublin** – J. P. Donleavy
988.**Mirinha** – Dalton Trevisan
989.**Akhenaton e Nefertiti** – Carmen Seganfredo e A. S. Franchini
990.**On the Road – o manuscrito original** – Jack Kerouac
991.**Relatividade** – Russell Stannard
992.**Abaixo de zero** – Bret Easton Ellis
993(24).**Andy Warhol** – Mériam Korichi
995.**Os últimos casos de Miss Marple** – Agatha Christie
996.**Nico Demo: Aí vem encrenca** – Mauricio de Sousa
998.**Rousseau** – Robert Wokler
999.**Noite sem fim** – Agatha Christie
1000.**Diários de Andy Warhol (1)** – Editado por Pat Hackett
1001.**Diários de Andy Warhol (2)** – Editado por Pat Hackett
1002.**Cartier-Bresson: o olhar do século** – Pierre Assouline
1003.**As melhores histórias da mitologia: vol. 1** – A.S. Franchini e Carmen Seganfredo
1004.**As melhores histórias da mitologia: vol. 2** – A.S. Franchini e Carmen Seganfredo
1005.**Assassinato no beco** – Agatha Christie
1006.**Convite para um homicídio** – Agatha Christie
1008.**História da vida** – Michael J. Benton
1009.**Jung** – Anthony Stevens
1010.**Arsène Lupin, ladrão de casaca** – Maurice Leblanc
1011.**Dublinenses** – James Joyce
1012.**120 tirinhas da Turma da Mônica** – Mauricio de Sousa
1013.**Antologia poética** – Fernando Pessoa
1014.**A aventura de um cliente ilustre** ***seguido de*** **O último adeus de Sherlock Holmes** – Sir Arthur Conan Doyle
1015.**Cenas de Nova York** – Jack Kerouac
1016.**A corista** – Anton Tchékhov
1017.**O diabo** – Leon Tolstói
1018.**Fábulas chinesas** – Sérgio Capparelli e Márcia Schmaltz
1019.**O gato do Brasil** – Sir Arthur Conan Doyle
1020.**Missa do Galo** – Machado de Assis
1021.**O mistério de Marie Rogêt** – Edgar Allan Poe
1022.**A mulher mais linda da cidade** – Bukowski
1023.**O retrato** – Nicolai Gogol
1024.**O conflito** – Agatha Christie
1025.**Os primeiros casos de Poirot** – Agatha Christie
1027(25).**Beethoven** – Bernard Fauconnier
1028.**Platão** – Julia Annas
1029.**Cleo e Daniel** – Roberto Freire
1030.**Til** – José de Alencar
1031.**Viagens na minha terra** – Almeida Garrett
1032.**Profissões para mulheres e outros artigos feministas** – Virginia Woolf
1033.**Mrs. Dalloway** – Virginia Woolf
1034.**O cão da morte** – Agatha Christie
1035.**Tragédia em três atos** – Agatha Christie
1037.**O fantasma da Ópera** – Gaston Leroux
1038.**Evolução** – Brian e Deborah Charlesworth
1039.**Medida por medida** – Shakespeare
1040.**Razão e sentimento** – Jane Austen
1041.**A obra-prima ignorada** ***seguido de*** **Um episódio durante o Terror** – Balzac
1042.**A fugitiva** – Anaïs Nin
1043.**As grandes histórias da mitologia greco--romana** – A. S. Franchini
1044.**O corno de si mesmo & outras historietas** – Marquês de Sade
1045.**Da felicidade** ***seguido de*** **Da vida retirada** – Sêneca
1046.**O horror em Red Hook e outras histórias** – H. P. Lovecraft
1047.**Noite em claro** – Martha Medeiros

1048.**Poemas clássicos chineses** – Li Bai, Du Fu e Wang Wei
1049.**A terceira moça** – Agatha Christie
1050.**Um destino ignorado** – Agatha Christie
1051(26).**Buda** – Sophie Royer
1052.**Guerra Fria** – Robert J. McMahon
1053.**Simons's Cat: as aventuras de um gato travesso e comilão – vol. 1** – Simon Tofield
1054.**Simons's Cat: as aventuras de um gato travesso e comilão – vol. 2** – Simon Tofield
1055.**Só as mulheres e as baratas sobreviverão** – Claudia Tajes
1057.**Pré-história** – Chris Gosden
1058.**Pintou sujeira!** – Mauricio de Sousa
1059.**Contos de Mamãe Gansa** – Charles Perrault
1060.**A interpretação dos sonhos: vol. 1** – Freud
1061.**A interpretação dos sonhos: vol. 2** – Freud
1062.**Frufru Rataplã Dolores** – Dalton Trevisan
1063.**As melhores histórias da mitologia egípcia** – Carmem Seganfredo e A.S. Franchini
1064.**Infância. Adolescência. Juventude** – Tolstói
1065.**As consolações da filosofia** – Alain de Botton
1066.**Diários de Jack Kerouac – 1947-1954**
1067.**Revolução Francesa – vol. 1** – Max Gallo
1068.**Revolução Francesa – vol. 2** – Max Gallo
1069.**O detetive Parker Pyne** – Agatha Christie
1070.**Memórias do esquecimento** – Flávio Tavares
1071.**Drogas** – Leslie Iversen
1072.**Manual de ecologia (vol.2)** – J. Lutzenberger
1073.**Como andar no labirinto** – Affonso Romano de Sant'Anna
1074.**A orquídea e o serial killer** – Juremir Machado da Silva
1075.**Amor nos tempos de fúria** – Lawrence Ferlinghetti
1076.**A aventura do pudim de Natal** – Agatha Christie
1078.**Amores que matam** – Patricia Faur
1079.**Histórias de pescador** – Mauricio de Sousa
1080.**Pedaços de um caderno manchado de vinho** – Bukowski
1081.**A ferro e fogo: tempo de solidão (vol.1)** – Josué Guimarães
1082.**A ferro e fogo: tempo de guerra (vol.2)** – Josué Guimarães
1084(17).**Desembarcando o Alzheimer** – Dr. Fernando Lucchese e Dra. Ana Hartmann
1085.**A maldição do espelho** – Agatha Christie
1086.**Uma breve história da filosofia** – Nigel Warburton
1088.**Heróis da História** – Will Durant
1089.**Concerto campestre** – L. A. de Assis Brasil
1090.**Morte nas nuvens** – Agatha Christie
1092.**Aventura em Bagdá** – Agatha Christie
1093.**O cavalo amarelo** – Agatha Christie
1094.**O método de interpretação dos sonhos** – Freud
1095.**Sonetos de amor e desamor** – Vários
1096.**120 tirinhas do Dilbert** – Scott Adams
1097.**200 fábulas de Esopo**
1098.**O curioso caso de Benjamin Button** – F. Scott Fitzgerald
1099.**Piadas para sempre: uma antologia para morrer de rir** – Visconde da Casa Verde
1100.**Hamlet (Mangá)** – Shakespeare
1101.**A arte da guerra (Mangá)** – Sun Tzu
1104.**As melhores histórias da Bíblia (vol.1)** – A. S. Franchini e Carmen Seganfredo
1105.**As melhores histórias da Bíblia (vol.2)** – A. S. Franchini e Carmen Seganfredo
1106.**Psicologia das massas e análise do eu** – Freud
1107.**Guerra Civil Espanhola** – Helen Graham
1108.**A autoestrada do sul e outras histórias** – Julio Cortázar
1109.**O mistério dos sete relógios** – Agatha Christie
1110.**Peanuts: Ninguém gosta de mim... (amor)** – Charles Schulz
1111.**Cadê o bolo?** – Mauricio de Sousa
1112.**O filósofo ignorante** – Voltaire
1113.**Totem e tabu** – Freud
1114.**Filosofia pré-socrática** – Catherine Osborne
1115.**Desejo de status** – Alain de Botton
1118.**Passageiro para Frankfurt** – Agatha Christie
1120.**Kill All Enemies** – Melvin Burgess
1121.**A morte da sra. McGinty** – Agatha Christie
1122.**Revolução Russa** – S. A. Smith
1123.**Até você, Capitu?** – Dalton Trevisan
1124.**O grande Gatsby (Mangá)** – F. S. Fitzgerald
1125.**Assim falou Zaratustra (Mangá)** – Nietzsche
1126. **Peanuts: É para isso que servem os amigos (amizade)** – Charles Schulz
1127(27).**Nietzsche** – Dorian Astor
1128.**Bidu: Hora do banho** – Mauricio de Sousa
1129.**O melhor do Macanudo Taurino** – Santiago
1130.**Radicci 30 anos** – Iotti
1131.**Show de sabores** – J.A. Pinheiro Machado
1132.**O prazer das palavras** – vol. 3 – Cláudio Moreno
1133.**Morte na praia** – Agatha Christie
1134.**O fardo** – Agatha Christie
1135.**Manifesto do Partido Comunista (Mangá)** – Marx & Engels
1136.**A metamorfose (Mangá)** – Franz Kafka
1137.**Por que você não se casou... ainda** – Tracy McMillan
1138.**Textos autobiográficos** – Bukowski
1139.**A importância de ser prudente** – Oscar Wilde
1140.**Sobre a vontade na natureza** – Arthur Schopenhauer
1141.**Dilbert (8)** – Scott Adams
1142.**Entre dois amores** – Agatha Christie
1143.**Cipreste triste** – Agatha Christie
1144.**Alguém viu uma assombração?** – Mauricio de Sousa
1145.**Mandela** – Elleke Boehmer
1146.**Retrato do artista quando jovem** – James Joyce
1147.**Zadig ou o destino** – Voltaire
1148.**O contrato social (Mangá)** – J.-J. Rousseau
1149.**Garfield fenomenal** – Jim Davis
1150.**A queda da América** – Allen Ginsberg
1151.**Música na noite & outros ensaios** – Aldous Huxley

1152.**Poesias inéditas & Poemas dramáticos** – Fernando Pessoa
1153.**Peanuts: Felicidade é...** – Charles M. Schulz
1154.**Mate-me por favor** – Legs McNeil e Gillian McCain
1155.**Assassinato no Expresso Oriente** – Agatha Christie
1156.**Um punhado de centeio** – Agatha Christie
1157.**A interpretação dos sonhos (Mangá)** – Freud
1158.**Peanuts: Você não entende o sentido da vida** – Charles M. Schulz
1159.**A dinastia Rothschild** – Herbert R. Lottman
1160.**A Mansão Hollow** – Agatha Christie
1161.**Nas montanhas da loucura** – H.P. Lovecraft
1162(28).**Napoleão Bonaparte** – Pascale Fautrier
1163.**Um corpo na biblioteca** – Agatha Christie
1164.**Inovação** – Mark Dodgson e David Gann
1165.**O que toda mulher deve saber sobre os homens: a afetividade masculina** – Walter Riso
1166.**O amor está no ar** – Mauricio de Sousa
1167.**Testemunha de acusação & outras histórias** – Agatha Christie
1168.**Etiqueta de bolso** – Celia Ribeiro
1169.**Poesia reunida (volume 3)** – Affonso Romano de Sant'Anna
1170.**Emma** – Jane Austen
1171.**Que seja em segredo** – Ana Miranda
1172.**Garfield sem apetite** – Jim Davis
1173.**Garfield: Foi mal...** – Jim Davis
1174.**Os irmãos Karamázov (Mangá)** – Dostoiévski
1175.**O Pequeno Príncipe** – Antoine de Saint-Exupéry
1176.**Peanuts: Ninguém mais tem o espírito aventureiro** – Charles M. Schulz
1177.**Assim falou Zaratustra** – Nietzsche
1178.**Morte no Nilo** – Agatha Christie
1179.**Ê, soneca boa** – Mauricio de Sousa
1180.**Garfield a todo o vapor** – Jim Davis
1181.**Em busca do tempo perdido (Mangá)** – Proust
1182.**Cai o pano: o último caso de Poirot** – Agatha Christie
1183.**Livro para colorir e relaxar** – Livro 1
1184.**Para colorir sem parar**
1185.**Os elefantes não esquecem** – Agatha Christie
1186.**Teoria da relatividade** – Albert Einstein
1187.**Compêndio da psicanálise** – Freud
1188.**Visões de Gerard** – Jack Kerouac
1189.**Fim de verão** – Mohiro Kitoh
1190.**Procurando diversão** – Mauricio de Sousa
1191.**E não sobrou nenhum e outras peças** – Agatha Christie
1192.**Ansiedade** – Daniel Freeman & Jason Freeman
1193.**Garfield: pausa para o almoço** – Jim Davis
1194.**Contos do dia e da noite** – Guy de Maupassant
1195.**O melhor de Hagar 7** – Dik Browne
1196(29).**Lou Andreas-Salomé** – Dorian Astor
1197(30).**Pasolini** – René de Ceccatty
1198.**O caso do Hotel Bertram** – Agatha Christie
1199.**Crônicas de motel** – Sam Shepard
1200.**Pequena filosofia da paz interior** – Catherine Rambert
1201.**Os sertões** – Euclides da Cunha
1202.**Treze à mesa** – Agatha Christie
1203.**Bíblia** – John Riches
1204.**Anjos** – David Albert Jones
1205.**As tirinhas do Guri de Uruguaiana 1** – Jair Kobe
1206.**Entre aspas (vol.1)** – Fernando Eichenberg
1207.**Escrita** – Andrew Robinson
1208.**O spleen de Paris: pequenos poemas em prosa** – Charles Baudelaire
1209.**Satíricon** – Petrônio
1210.**O avarento** – Molière
1211.**Queimando na água, afogando-se na chama** – Bukowski
1212.**Miscelânea septuagenária: contos e poemas** – Bukowski
1213.**Que filosofar é aprender a morrer e outros ensaios** – Montaigne
1214.**Da amizade e outros ensaios** – Montaigne
1215.**O medo à espreita e outras histórias** – H.P. Lovecraft
1216.**A obra de arte na era de sua reprodutibilidade técnica** – Walter Benjamin
1217.**Sobre a liberdade** – John Stuart Mill
1218.**O segredo de Chimneys** – Agatha Christie
1219.**Morte na rua Hickory** – Agatha Christie
1220.**Ulisses (Mangá)** – James Joyce
1221.**Ateísmo** – Julian Baggini
1222.**Os melhores contos de Katherine Mansfield** – Katherine Mansfied
1223(31).**Martin Luther King** – Alain Foix
1224.**Millôr Definitivo: uma antologia de *A Bíblia do Caos*** – Millôr Fernandes
1225.**O Clube das Terças-Feiras e outras histórias** – Agatha Christie
1226.**Por que sou tão sábio** – Nietzsche
1227.**Sobre a mentira** – Platão
1228.**Sobre a leitura** *seguido do* **Depoimento de Céleste Albaret** – Proust
1229.**O homem do terno marrom** – Agatha Christie
1230(32).**Jimi Hendrix** – Franck Médioni
1231.**Amor e amizade e outras histórias** – Jane Austen
1232.**Lady Susan, Os Watson e Sanditon** – Jane Austen
1233.**Uma breve história da ciência** – William Bynum
1234.**Macunaíma: o herói sem nenhum caráter** – Mário de Andrade
1235.**A máquina do tempo** – H.G. Wells
1236.**O homem invisível** – H.G. Wells
1237.**Os 36 estratagemas: manual secreto da arte da guerra** – Anônimo
1238.**A mina de ouro e outras histórias** – Agatha Christie
1239.**Pic** – Jack Kerouac
1240.**O habitante da escuridão e outros contos** – H.P. Lovecraft
1241.**O chamado de Cthulhu e outros contos** – H.P. Lovecraft

1242.**O melhor de Meu reino por um cavalo!** – Edição de Ivan Pinheiro Machado
1243.**A guerra dos mundos** – H.G. Wells
1244.**O caso da criada perfeita e outras histórias** – Agatha Christie
1245.**Morte por afogamento e outras histórias** – Agatha Christie
1246.**Assassinato no Comitê Central** – Manuel Vázquez Montalbán
1247.**O papai é pop** – Marcos Piangers
1248.**O papai é pop 2** – Marcos Piangers
1249.**A mamãe é rock** – Ana Cardoso
1250.**Paris boêmia** – Dan Franck
1251.**Paris libertária** – Dan Franck
1252.**Paris ocupada** – Dan Franck
1253.**Uma anedota infame** – Dostoiévski
1254.**O último dia de um condenado** – Victor Hugo
1255.**Nem só de caviar vive o homem** – J.M. Simmel
1256.**Amanhã é outro dia** – J.M. Simmel
1257.**Mulherzinhas** – Louisa May Alcott
1258.**Reforma Protestante** – Peter Marshall
1259.**História econômica global** – Robert C. Allen
1260(33).**Che Guevara** – Alain Foix
1261.**Câncer** – Nicholas James
1262.**Akhenaton** – Agatha Christie
1263.**Aforismos para a sabedoria de vida** – Arthur Schopenhauer
1264.**Uma história do mundo** – David Coimbra
1265.**Ame e não sofra** – Walter Riso
1266.**Desapegue-se!** – Walter Riso
1267.**Os Sousa: Uma famíla do barulho** – Mauricio de Sousa
1268.**Nico Demo: O rei da travessura** – Mauricio de Sousa
1269.**Testemunha de acusação e outras peças** – Agatha Christie
1270(34).**Dostoiévski** – Virgil Tanase
1271.**O melhor de Hagar 8** – Dik Browne
1272.**O melhor de Hagar 9** – Dik Browne
1273.**O melhor de Hagar 10** – Dik e Chris Browne
1274.**Considerações sobre o governo representativo** – John Stuart Mill
1275.**O homem Moisés e a religião monoteísta** – Freud
1276.**Inibição, sintoma e medo** – Freud
1277.**Além do princípio de prazer** – Freud
1278.**O direito de dizer não!** – Walter Riso
1279.**A arte de ser flexível** – Walter Riso
1280.**Casados e descasados** – August Strindberg
1281.**Da Terra à Lua** – Júlio Verne
1282.**Minhas galerias e meus pintores** – Kahnweiler
1283.**A arte do romance** – Virginia Woolf
1284.**Teatro completo v. 1: As aves da noite** ***seguido de*** **O visitante** – Hilda Hilst
1285.**Teatro completo v. 2: O verdugo** ***seguido de*** **A morte do patriarca** – Hilda Hilst
1286.**Teatro completo v. 3: O rato no muro** ***seguido de*** **Auto da barca de Camiri** – Hilda Hilst
1287.**Teatro completo v. 4: A empresa** ***seguido de*** **O novo sistema** – Hilda Hilst
1289.**Fora de mim** – Martha Medeiros
1290.**Divã** – Martha Medeiros
1291.**Sobre a genealogia da moral: um escrito polêmico** – Nietzsche
1292.**A consciência de Zeno** – Italo Svevo
1293.**Células-tronco** – Jonathan Slack
1294.**O fim do ciúme e outros contos** – Proust
1295.**A jangada** – Júlio Verne
1296.**A ilha do dr. Moreau** – H.G. Wells
1297.**Ninho de fidalgos** – Ivan Turguêniev
1298.**Jane Eyre** – Charlotte Brontë
1299.**Sobre gatos** – Bukowski
1300.**Sobre o amor** – Bukowski
1301.**Escrever para não enlouquecer** – Bukowski
1302.**222 receitas** – J. A. Pinheiro Machado
1303.**Reinações de Narizinho** – Monteiro Lobato
1304.**O Saci** – Monteiro Lobato
1305.**Memórias da Emília** – Monteiro Lobato
1306.**O Picapau Amarelo** – Monteiro Lobato
1307.**A reforma da Natureza** – Monteiro Lobato
1308.**Fábulas** ***seguido de*** **Histórias diversas** – Monteiro Lobato
1309.**Aventuras de Hans Staden** – Monteiro Lobato
1310.**Peter Pan** – Monteiro Lobato
1311.**Dom Quixote das crianças** – Monteiro Lobato
1312.**O Minotauro** – Monteiro Lobato
1313.**Um quarto só seu** – Virginia Woolf
1314.**Sonetos** – Shakespeare
1315(35).**Thoreau** – Marie Berthoumieu e Laura El Makki
1316.**Teoria da arte** – Cynthia Freeland
1317.**A arte da prudência** – Baltasar Gracián
1318.**O louco** ***seguido de*** **Areia e espuma** – Khalil Gibran
1319.**O profeta** ***seguido de*** **O jardim do profeta** – Khalil Gibran
1320.**Jesus, o Filho do Homem** – Khalil Gibran
1321.**A luta** – Norman Mailer
1322.**Sobre o sofrimento do mundo e outros ensaios** – Schopenhauer
1323.**Epidemiologia** – Rodolfo Saracci
1324.**Japão moderno** – Christopher Goto-Jones
1325.**A arte da meditação** – Matthieu Ricard
1326.**O adversário secreto** – Agatha Christie
1327.**Pollyanna** – Eleanor H. Porter
1328.**Espelhos** – Eduardo Galeano
1329.**A Vênus das peles** – Sacher-Masoch
1330.**O 18 de brumário de Luís Bonaparte** – Karl Marx
1331.**Um jogo para os vivos** – Patricia Highsmith
1332.**A tristeza pode esperar** – J.J. Camargo
1333.**Vinte poemas de amor e uma canção desesperada** – Pablo Neruda
1334.**Judaísmo** – Norman Solomon
1335.**Esquizofrenia** – Christopher Frith & Eve Johnstone
1336.**Seis personagens em busca de um autor** – Luigi Pirandello
1337.**A Fazenda dos Animais** – George Orwell

IMPRESSÃO:

PALLOTTI
GRÁFICA

Santa Maria - RS | Fone: (55) 3220.4500
www.graficapallotti.com.br